설득하지
말고
납득하게
하라

PERFORMANCE MANAGEMENT

설득하지
말고
납득하게
하라

목표 설정부터 중간 피드백, 성과평가까지
조직의 생산성을 극대화하는 성과관리 매뉴얼

한철환·김한솔 지음

해의시간

달라진 세상 vs. 달라지지 않은 리더

'아들딸 구별 말고 둘만 낳아 잘 기르자', '하나씩만 낳아도 삼천리는 초만원'이라는 슬로건을 기억하는가? 불임시술을 받은 가정에는 생계비를 지원해주고 예비군 훈련도 면제해주는 등 혜택을 주던 시대가 있었다. 까마득한 옛날이야기처럼 느껴지는가? 하지만 놀랍게도 그리 오래전 이야기가 아니다. 그런데 요즘은 어떤가? '자녀에게 가장 좋은 선물은 동생입니다', '결혼은 행복 약속, 출산은 미래 약속', '헛헛한 한 자녀, 흐뭇한 두 자녀, 든든한 세 자녀'. 심각한 인구감소를 우려하여 정부에서 내걸고 있는 요즘 출산장려 슬로건들이다. 한

세대가 바뀌기도 전에 참으로 격세지감을 느끼게 하는 모습이라 하겠다.

직장생활 중 첫 출장을 갔던 홍콩의 거리에서 깜짝 놀란 기억이 있다. 많은 사람들이 군대에서나 봤던 커다란 무전기를 귀에 대고 거리를 활보하고 있는 것이 아닌가. '어떻게 선이 없는 전화기가 가능하지?' 나중에 그것이 무선전화기라는 것을 알고 크게 놀랐었다. 그러나 요즘 주변에서 스마트워치로 통화는 물론 인터넷 검색까지 하는 것을 보면 '참 세상 무섭게 변하고 있다'라는 말이 저절로 나온다.

그렇다. 고작 수십 년 만에 사회구조가 바뀌고, 기술이 혁신적으로 진화한 것이다. 우리가 인식하지 못하는 사이에 세상은 급격하게 바뀌어가고 있다. 그렇다면 리더십은 과연 얼마만큼 바뀌었을까? 이에 대한 여러 조사를 보면, 세상이 100% 바뀌었다고 전제할 때 리더십의 변화지수는 20~30%가 채 안 되는 것처럼 보인다. 정말 변하지 않는 것 중 하나가 바로 조직을 이끄는 리더의 리더십이 아닌가 싶다.

바뀐 세상에서 리더는 '갑'이 아니다

현대 협상학에서 갑과 을을 어떻게 나눌까? 물건이나 서비스를 제공하는 사람은 '을', 그걸 돈을 주고 사는 사람은 '갑'. 이렇게 구분하는 건 정말 옛날 방식이다. 현대 협상학에서는 누가 사고 누가 파느냐는 중요하지 않다. 협상이 깨졌을 때 대안이 있는 사람을 갑이라고 인정한다. 이 이론을 적용하면 소비자도 더 이상 갑이 아닐 수 있다. 물건을 파는 사람이 '당신 아니어도 살 사람이 많아'라고 생각한다면 대안이 있으니 갑인 셈이다.

경복궁 근처의 유명한 삼계탕집을 지나칠 때마다 더위와 추위를 아랑곳하지 않고 길게 늘어선 줄을 보곤 하는데, 그 손님들이 갑이라는 생각은 들지 않았다. 도리어 기다리다 지쳐 발길을 돌리는 손님들을 대수롭지 않게 여기는 음식점 주인이 더 갑으로 보였다. 많은 대안이 있으면 물건을 판매하고 서비스를 제공하는 쪽도 갑이 될 수 있다. 아무리 내가 돈이 있어도 '여기 이외에는 살 곳이 없다'고 생각하게 되면 을이 되는 것이다. 이게 바뀐 세상의 모습이다.

직장에서도 다르지 않다. 요즘 직장에 신입으로 들어오는 젊은 세대들은 기성세대와 전혀 다른 환경과 문화에서 자란 사람들이다. 기본적으로 우수한 역량이 있다고 스스로 믿고 있으며, 사실 그런 경우가 많다. 이런 직원들을 과거와 같은 압박과 위협 등의 방법으로 이끄는 것은 리더의 명을 재촉하는 위험한 리더십이다.

내가 컨설팅을 했던 어느 기업에서 있었던 이야기다. 회의 도중 리더가 직원을 심하게 질책하게 됐다.

"그따위로 일할 거면 나가! 당신 같은 사람은 필요 없어!"

여러 사람 앞에서 질책을 받은 직원은 기분이 상해 쏘아붙였다. "욕하지 마세요."

황당해진 상사. "뭐? 뭘 잘했다고 말대꾸야. 어디서 배워먹은 버릇이야. 낭상 나가!"

자, 이 조직은 어떻게 됐을까? 상사의 일방적 질책에 분이 찬 직원은 회의실을 박차고 나가서 곧장 사표를 썼다. 젊은 경력직원으로서는 여러 대안이 있기 때문에 과격한 결정을 빠르게 내리는 것이다.

설득하지 말고 납득하게 하라

여기서 끝나면 다행이다. 그런데 요즘 직원들은 꼭 회사를 떠날 때쯤 되면 애사심이 더 커져서 회사 전산망에 글을 올리곤 한다. "저는 오늘부로 회사를 떠나지만, 이 회사의 미래를 위해서 한마디 하겠습니다. 정말 회사를 위해서 이런 난폭한 리더는 반드시…."

이후 그 리더의 평판은 어떻게 되었을까? 직장생활은 어떻게 됐을 것 같은가? 젊은 직원에 비해 대안이 많지 않은 이 시대의 리더는 더 이상 갑이라고 주장할 수 없다. 그래서 바뀌어야 한다, 리더 스스로가!

그럼, 가장 먼저 바뀌어야 할 리더의 모습은 무엇일까? 구성원들이 리더를 '불편한' 존재로 생각하는 이유는 그들이 조직 내에서 본인에 대한 '평가권'을 갖고 있는 사람이기 때문이다. 그리고 이런 리더의 모습은 '성과관리' 과정에서 도드라지게 나타난다. 결국 이 시대의 리더는 성과관리에 대한 '달라진' 인식을 갖고 있어야 한다. 과거처럼 '하라면 해!'라는 문화가 통하지 않는 세대의 구성원들에게 맞는 방식이 필요하다.

도전적인 목표를 부여하고, 이를 실천하는 과정에서

지속적인 피드백을 하며, 공정한 성과평가를 통해 구성원들이 '잡념'을 갖지 않게 하는 것. 그래서 이 책에서는 리더라면 꼭 알아야 할 성과관리의 핵심 요소를 제시한다.

성과관리의 목적은 설득? 납득!

성과관리의 목적은 상대방을 설득시키는 것일까, 납득시키는 것일까?

설득은 상대방이 수용하게 하는 것이다. 리더의 의견을 100% 받아들이게 하는 것이다. 남보다 높은 목표를, 기분 상하게 마련인 예민한 피드백을, 기대에 못 미치는 성과평가 결과를 받아들이게 설득한다는 것이 가능할까?

납득은 스스로 이해하고 수용하는 것이다. 받아들이기 힘든 결과지만, 내가 상대방의 입장이라도 어쩔 수 없었으리라는 사실을 깨닫고 받아들이는 것이 납득이다.

"자네 이번 평가는 C야!"

상사가 낮은 고과평가를 내리고 아무리 설명을 잘 해

준다고 해도, 이런 피드백을 받은 직원 스스로가 '아…제가 조직의 성과에 별로 도움이 되지 못했군요. 저는 C를 받을 수밖에 없는 직원이군요'라고 생각할 수 있을까? 미안한 이야기지만 '절대' 불가능한 일이다.

우리의 뇌는 자신에게 불리한 내용은 절대 쉽게 받아들일 수 없게 설계가 돼 있다. 이솝우화에도 나오지 않는가? 여우가 포도를 따 먹으려고 펄쩍펄쩍 뛰다가 발이 안 닿아서 먹지 못하는 상황. 이때 여우가 하는 말은? "저 포도는 시어서 맛이 없을 거야." 이것을 '신포도 기제' 또는 '심리적 방어기제'라고 말한다. 모든 사람은 자신의 무능함을 인정하면 자존감이 무너진다고 생각하기 때문에 이를 쉽게 받아들이지 않는다. 예컨대 앞의 상황에서 하위 고과를 받은 직원의 본능적인 방어심리를 리더의 몇 마디 설명으로 설득할 수 있다고 믿는 건 큰 착각이다.

부서원들로서는 '내가 능력이 없어서가 아니라 상사가 제대로 몰라봐서 그렇다'고 생각하는 게 '당연하다'. 하지만 '정말 열 받아. 내가 겨우 C라고? 그런데 내가 저분 입장이라도 이건 어쩔 수 없었을 것 같긴 해….' 이렇게 납득하도록 유도할 수는 있다. 이것이 성과관리에서 리더가 추구할 수 있는 최선의 방법이다.

이 책은 급변하는 시대에 성과창출의 압박 속에서 더 이상 '갑'이라는 우월적 지위를 자신할 수 없는 리더들에게 주는 선물이다. 이 책은 크게 Plan, Do, See의 세 부분으로 구성되어 있다. 성과관리의 시작인 목표 설정부터 중간과정에서의 피드백, 마지막 공정한 평가까지, 세 단계에서 리더의 역할과 흔히 부딪히게 되는 문제들을 점검하고 실용적인 지침을 제안한다. 어떻게 하면 '직원들에게 도전적인 목표를, 예민하지만 필요한 피드백을, 기대 이하의 성과평가를 납득시킬 수 있을까'에 대한 고민을 해결하기 위한 현장 중심의 다양한 스킬과 방법을 함께 생각하며 나누어보자.

내 인생의 전부인 유미, 유진, 유민 그리고 영원한 동반자 아내에게 사랑의 마음을 전한다. 언제나 함께 고민

하고 이 글도 함께 쓴 김한솔 수석에게도 존경의 마음을
덧붙인다.

2016년 11월 공저자를 대표하여

HSG 휴먼솔루션그룹 성과관리연구소장

한철환

PERFORMANCE MANAGEMENT

Intro

조직 내
갈등을 키우는
세 가지 함정

　리더가 되면 누구나 성공을 꿈꾼다. 그리고 이를 이루기 위해 의욕과 열정을 품는다. 그런데 강한 의욕과 뜨거운 열정이 도리어 화를 키우는 경우가 많다. 성과관리에 대한 본격적인 논의를 시작하기에 앞서, 성과는커녕 갈등을 만드는 세 가지 함정을 짚고 넘어가자.

좋은 의도의
나쁜 표현

조직에서 갈등이 생기는 가장 큰 원인은 무엇일
까? 작은 조직에 해당하는 가정을 예로 들어 살펴보자.
가정에서 싸움은 언제 일어날까? 대부분 싸움의 시작은
부모의 잔소리다. "공부 좀 해라", "일찍 좀 다녀라" 하
는 부모의 간섭에 아이는 "그냥 내버려둬!" 하며 짜증을
낸다. 그런데 부모는 왜 잔소리를 할까? 자식을 사랑하
고 아끼는 마음에서 성실한 생활습관을 길러주려는 '좋
은 의도' 때문이다. 옆집 아이가 새벽 2시에 들어왔다고
화가 나서 쫓아가 야단쳐본 적이 있는가? 내 아이이기
때문에 야단치는 것이다. 사랑한다는 좋은 마음이 있으
니까. 그럼 이상한 결론이 나온다. 부모의 좋은 의도 때
문에 갈등이 생긴다는 것.

좋은 의도가 왜 갈등을 일으킬까? 인간은 좋은 의도
가 있을 때 자기도 모르게 도덕적 우월감을 갖는다. 진
심으로 상대를 걱정하는 마음이 있으니 떳떳한 것이다.

그런데 이 당당함 때문에 평소와 다르게 거칠게 말할 확률이 훨씬 높아진다. 상대가 자신의 말에 어떠한 감정을 느끼는지는 미처 생각하지 못하면서. 그래놓고 자식이 자신의 마음을 몰라주면 부모는 가슴이 답답하다. "내가 다 자기 잘되라고 하는 말인데, 그걸 몰라주고…" 하며 아쉬워한다.

이를 심리학으로 설명하자면 '자기애' 현상으로 볼 수 있다. 지나치게 자기중심적이어서 정작 상대방에게는 무감각한 채로 '상대를 아끼고 걱정한다'는 자신의 좋은 의도만 사랑하는 현상이다.

조직에서도 마찬가지다. "이봐, 김 대리. 제대로 안 할래? 똑바로 좀 해." 이것 역시 기대에 미치지 못하는 후배직원이 좀 더 잘했으면 하는 상사의 좋은 의도에서 나온 말일 때가 많다. 그래서 때로는 화를 내기도 한다. 부모가 자식을 포기할 수 없듯, 리더 역시 후배직원을 포기할 수 없기 때문에. 하지만 안타깝게도 상대는 그 의도를 보지 못한다. 거꾸로 불쾌감을, 어떨 땐 모멸감을 느끼기도 한다.

사람과의 소통에서 핵심은 자신의 의도 자체가 아니라 자신의 의도를 '제대로 표현하는 것'이다. 상대에게는 숨어 있는 의도보다 드러난 표현 방법이 더 큰 영향력을 끼치기 때문이다. 글을 모르는 것을 문맹이라고 하듯, 타인의 정서를 읽지 못하는 것, 자신이 한 말에 상대가 무엇을 느끼는지에 대해 아무 관심이 없는 것은 '정서적 문맹'이라고 할 수 있지 않을까.

나의 의도가 좋을수록 고민해야 한다. 어떻게 표현해야 나의 의도를 왜곡하지 않고 전달할 수 있을지에 대해서. 아무리 선한 의도가 있어도 상대방을 함부로 대할 수 있는 권한은 그 누구에게도 없다. 이 평범한 진리를 아는 것이 리더십의 시작이다. 성과관리를 하면서 가장 주의해야 할 것이 바로 좋은 의도의 나쁜 표현이다. 좋은 의도가 있다면 마땅히 바른 표현 방법을 사용해야 상대가 납득하기 쉬울 것이다. 개떡같이 말하면서 찰떡같이 알아듣기를 바라는 것은 자신도 모르는 무의식적인 오만함일 뿐이다.

정답을 제시하려는
갓 콤플렉스

아이가 그림책을 보다가 묻는다.

"아빠, 이 동물 이름이 뭐예요?"

"아 앤 공룡이라고 해."

"야, 신기하다. 공룡은 어디 가면 볼 수 있어요?"

"지금은 못 봐."

아이의 폭풍질문이 계속 이어진다.

"왜요?"

"다 죽었거든."

"왜요?"…

이럴 때 우리는 어떻게 대응하는가? 아이의 계속되는 질문에 땀을 흘리며 '정답'을 말하려는 아빠를 심리학에 서는 '갓 콤플렉스God Complex'에 빠졌다고 한다. 아이가 물으면 '답을 주어야 한다'는 강박관념이다.

재미있는 연구 결과가 있다. 아이의 호기심은 질문을 할 때 최고조에 올랐다가, 누군가 알려주는 답을 듣는 순간 순식간에 가라앉게 된다는 것. 그럼, 아이의 학습 의욕을 지켜주려면 어떻게 해야 할까? 답을 쉽게 주지 않으면 된다. 알더라도 참으라는 뜻이다. 답을 주려는 성급한 마음을 누르는 인내가 필요하다.

"아빠, 공룡은 왜 다 죽은 거야?"

"글쎄, 아빠도 공룡이 왜 죽었는지 궁금해. 우리 공주님이 열심히 공부해서 아빠한테 좀 가르쳐주면 어떨까?"

이럴 때 아이들은 부모들이 그토록 바라는 '자기주도적 학습 의욕'을 유지하게 된다.

조직도 똑같다. "실적을 높이려면 어떻게 해야 하죠?" 이런 질문을 받았을 때 실력 있는 리더들은 자신이 아는 답을 바로 알려준다.

이게 무슨 문제가 있냐고? 시키는 대로 일을 수행하다 잘되지 않았을 때 직원은 어떤 생각을 하게 될까. '뭐야. 하라는 대로 해도 안 되네.' 자신은 책임감을 전혀 느끼지 못하는 것이다. 성과평가에 대한 불만 관련 상담을 하다보면 "나는 위에서 하라는 대로만 했는데, 왜 내가 책임을 져야 하냐"고 모든 업무에 책임을 위로 돌리는 직원들을 종종 만나게 된다. 리더가 똑똑하고 역량이 뛰어날수록 직원들의 집단지성이 점점 떨어지는 블랙홀 현상은 지금 많은 연구 결과로 나오고 있다. 내가 혼자 열심히 해서 성과를 내려고 하면 전문직을 택하는 것이 옳다. 함께 어울려 성과를 내야 하는 조직에 합류한 이상, 리더란 이유불문하고 '남을 통해서 성과를 내야 하는 운명'을 가졌음을 기억해야 한다.

그럼, 어떻게 해야 할까? 일을 하는 과정에서 '스스로 생각해냈다'고 느끼게 해야 한다. 그래야 책임감이 생긴다. 남이 시키는 일을 알려준 방법대로만 하면 책임감이 높아질 수 없다. 리더는 모든 문제에 답을 주어야 한다는 강박관념, 갓 콤플렉스에서 벗어나야 한다.

아이들도 길을 건널 때는 꼭 손을 들어야 한다고 이야기하면 잔소리로 들을 수 있다. 그러나 "길을 건널 때 어떻게 하면 안전할까?"라고 질문하면 시간이 조금 걸려도 "손을 들어야 해요!"라고 답을 한다. 이때 아이들은 자신이 생각하고 제시한 의견에 대한 더 큰 책임감을 갖게 되고, 실천하려는 의지도 높아질 것이다.

이것은 성과관리에 있어 평가대상이 스스로 납득하게 하는 문제와도 매우 연관성이 높다. 사람은 스스로 생각한 것에 대해 더 큰 책임감을 갖게 되고, 결국 납득성을 높일 수도 있는 것이다. 리더가 구성원에게 질문을 함으로써 부서원들이 '존중받고 있다'는 느낌을 받는 것은 덤이다.

노자老子는 말했다. 현명한 지도자는 일이 잘되었을 때 자신의 공을 드러내지 않아서 구성원이 '우리가 스스로 그것을 해냈다'고 생각하게 만든다고. 당신은 어떤 리더인가?

변덕스러운 원칙과 기준

1911년, 영하 60도가 넘는 남극을 향해 노르웨이

의 아문센Roald Amundsen 탐험대와 영국의 스콧Robert Fal-con Scott 탐험대가 국가의 명예를 걸고 출발했다. 남극점에 최초로 도착한 탐험대는 모두가 알다시피 아문센 탐험대였다.

이 두 탐험대의 성공과 실패를 가른 가장 큰 원인은 무엇이었을까? 스콧 탐험대는 날씨가 좋으면 많이 걷고, 날씨가 나쁘면 쉬는 등 일관성 없는 행군 때문에 결국 식량관리와 체력관리에 실패해 무너졌다. 하지만 아문센 탐험대는 탐험대원을 모집할 때부터 명확한 기준을 제시했다. '20마일 행군!' 비가 오나 눈이 오나 무조건 하루에 20마일, 약 32킬로미터를 걸을 수 있는 사람만 지원하라는 것이었다. 실제 아문센 탐험대원들은 날씨가 좋든 눈보라가 치든, 반드시 하루에 20마일을 행군한다는 원칙과 기준을 세우고 남극점을 향해 나아갔다. 최초로 남극점 도달에 성공한 아문센 탐험대의 모든 대원이 공유한 원칙 '20마일 행군'은 조직의 업무 수행시 원칙의 중요성을 설명해주는 대표적 사례다.

남을 통해서 성과를 내야 하는 리더에게 가장 중요한 요소라 말하는 '신뢰'란 무엇일까? 신뢰는 화를 안 낸다고, 듣기 좋은 칭찬을 많이 한다고 얻을 수 있는 것이 아니다. '행동이 예측 가능할 때' 생기는 것이 진짜 신뢰다. 즉 리더의 원칙과 기준이 일관성 있게 지켜지고 말과 행동이 예측 가능할 때 신뢰가 쌓인다는 것이다. 민주국가가 '법'이라는 원칙으로 운영되듯, 조직의 리더는 개인의 생각이나 의지가 아닌 조직의 원칙과 기준으로 판단하고 이끌어야 한다.

어떤 리더는 푸념한다. "우리 부서원들은 판단력이 부족해 결정을 할 때마다 나에게 묻습니다." 왜 그럴까? 리더가 너무 뛰어나서? 그럴 수도 있다. 하지만 많은 경우 리더의 원칙이 매번 달라, 판단의 기준이 모호하기 때문일 경우가 많다. 성과관리에서 예측 가능한 평가는 직원들의 납득과 신뢰에 가장 큰 영향을 미친다. 연말 평가 면담에서 "자네 이게 얼마나 중요한 것인데 몰랐어?"라고 뒤늦게 타박한다면 이미 상대방이 납득할 만한 성과관리에 실패한 것이나 마찬가지다. 그렇게 중요한 것이면 연초에 미리 공유했어야 한다. 그것이 얼마나 중요한지, 그리고 평가에 어떻게 반영되는지를.

미국의 경영 컨설턴트이자 작가인 짐 콜린스Jim Collins가 이런 말을 했다. "위대함은 환경이 아닌 의식적 선택과 원칙의 문제이다. 한 번의 큰 성공보다 일관성 있는 작은 행동이 위대함을 결정한다." 당신 리더십의 일관성 있는 기준은 무엇인가?

1장

PLAN 목표 수립

도전적 목표 수립의 비밀

도전적인
목표와
생각의 틀

| 목표의 난이도를
| 구분해 제시하라

조직에서 주어지는 목표는 '항상' 과도하다. 하지만 이를 거부할 수는 없다. 그래서 구성원들이 어떤 목표를 갖고 움직이게 할지가 리더의 가장 큰 숙제가 된다. 해결하기가 너무 어렵다. 회사 전체 상황을 충분히

설명해주었는데도, 개개인에게 목표치를 적어서 제출하게 하면 한숨만 나올 때가 많다. 늘 해오던 대로 목표를 써내는 게 대부분이기 때문. 그나마 좀 고민을 한 것 같은 직원은 지난해 일을 하면서 느꼈던 장애물을 어떻게 극복할지를 써 오는 정도다. 이래선 목표 달성이 문제가 아니다. 근본적으로 목표 설정부터 되짚어야 한다.

왜 이런 문제가 생기는 걸까? 구성원들의 고민이 부족해서? 그럴 수도 있지만, 여기에도 리더의 책임이 있다. 목표 달성의 방법론을 고민하게 만드는 '생각의 틀'을 줬어야 한다.

구성원에게 목표를 설정하게 할 때는 먼저 세 가지 난이도의 목표가 있다는 것을 알리고, 각 난이도에 맞게 세부 목표를 고민하도록 유도해야 한다. 난이도가 가장 낮은 '기본 업무 목표', 중간 난이도의 '문제해결 목표', 가장 어려운 '창의적 목표'로 구분할 수 있다.

기본 업무 목표는 모두가 알아서 잘 하는 '일상적 업무'이다. 지금까지 계속 해온 것을 어떻게 더 잘할지에 대한 영역이다. 두 번째 문제해결 목표는 목표 달성의 걸림돌을 어떻게 없앨지와 관련돼 있다. 조직에서의 일이라는 게 완전히 새로운 일은 드물다. 작년, 재작년에도 비슷한 경험을 했다는 의미다. 결국 과거 경험에서 배워, 장애물을 어떻게 해결할지를 구체적으로 고민하게 만들어줘야 한다. 마지막, 세 번째 창의적 목표가 가장 어렵다. 이를 달성하기 위해서는 '혁신적인 방법'을 고민해야 한다. 기존에 해보지 않았던, 그래서 목표 달성에 도움을 줄 만한 새로운 방법을 고민해보도록 하는 것이다.

이렇게 생각의 틀을 제시했다면 구성원들에게 질문을 해야 한다. 먼저 기본 업무 목표에 대해서는 "일상적, 기본적인 업무의 효율성을 높이기 위해 어떤 목표를 잡아야 할까?" 같은 질문이 필요하다. 항상 해오던 일을 똑같이 한다면 발전이 없다. 조금이라도 업무 효율성을 높이기 위한 아이디어를 생각하도록 이끌어야 한다.

두 번째, 문제해결 목표도 구체적으로 세우도록 해야 한다. "지난해 업무를 하면서 어떤 장애물이 있었지? 어

난이도에 따른 3가지 목표

난이도	목표		가중치
기본 업무 목표 (일상적이고 기본적인 업무의 효율성을 위한 목표)			
문제해결 목표 (업무 진척의 장애물을 제거하고 문제를 해결하기 위한 목표)			
창의적 목표 (새로운 가치 창출을 위해 기존에 하지 않았던 새로운 목표)			

설득하지 말고 납득하게 하라

떤 목표를 세워야 그걸 없앨 수 있을까?"같이 구체적 상황에 기반해 고민하도록 해야 한다. 무엇이 힘들었는지 구체적으로 생각을 해야만 이를 해결하기 위한 답을 만들어낼 수 있다.

세 번째, 창의적 목표는 추상적일 수도 있지만 꼭 추진해야 하는 일이다. "우리 부서가 새로운 가치 창출을 위해, 아직 시도해보지 않았지만 도전해야 할 목표는 뭘까?" 같은 질문이 필요하다.

이런 질문이 무슨 의미가 있냐고? 사람은 기본적으로 '빈칸'이 있으면 채워야 한다는 강박을 갖는다. 아무런 '형식'도 없이 "목표 달성을 위한 방법 고민해봐" 하고 지시하면 해오던 대로 하고 만다. 하지만 앞에서 설명한 대로 업무의 난이도에 따라 세 개의 빈칸을 주고 채우라고 지시를 하면, 어떻게든 칸을 채워 온다. 그 내용이 좋든 나쁘든, 그건 중요치 않다. 내용이야 리더와의 면담을 통해 개선해나가면 된다. 중요한 건 구성원 '스스로' 다양한 방법을 고민해보도록 하는 것이다.

이렇게 목표의 난이도에 따라 해야 할 일을 고민하게

한 뒤 마지막 한 가지 질문을 더 해야 한다. 이게 아주 중요하다. "당신 직급에서 좀 더 집중해야 할 난이도는 어떤 업무라고 생각하는가?" 이 질문의 핵심은 현재 그가 하고 있는 '일'이 아닌, 그가 조직에서 차지하고 있는 '역할'에 초점을 맞추는 것이다. 이것이 필요한 이유는 역할, 즉 직급에 따라 집중해야 할 업무가 다르기 때문이다.

사원, 대리급의 주니어 직원들은 기본 업무 목표의 비중이 높아야 한다. 하지만 과장급 이상의 직원들은 문제 해결이나 창의적 목표에 좀 더 집중해야 한다. 이러한 인식을 구성원들 스스로 갖도록 만들어줘야 한다. 이를 위해서라도 목표 제시 시점에 '목표에 난이도가 있다'는 점을 명확히 설명하는 게 필요하다. 비율은 조직의 상황에 따라 달라지겠지만, 일반적으로 사원급은 기본 업무 목표를 70% 정도로, 과장 이상은 이것이 30%를 넘지 않도록 한다.

만약 이러한 난이도 구분이 명확히 되지 않으면 평가 상황에서 큰 문제가 생길 수 있다. 쉬운 예를 들어보자.

연말 성과를 정리하는데, 사원이 기본 업무를 애초 계획의 90% 이뤘다. 반면 과장은 기본 업무의 성과 달성도가 120%다. 당신이 리더라면, 기본 업무만으로 성과를 평가한다고 할 때 둘 중 누구에게 더 나은 점수를 줄 것인가? 산술적으로 계산해보면 답은 쉽다. 사원이다. 가중치가 있기 때문이다(사원이 얻는 점수는 90×0.7=63점, 과장이 얻는 점수는 120×0.3=36점이다). 하지만 현장에서 이를 실행하는 리더는 별로 없다. 가장 큰 이유가 목표를 세우는 시점에 '난이도 구분'이 명확하게 안 돼 있었기 때문이다. 그래서 단순히 120과 90이라는 수치만 보고 "과장이 일을 훨씬 더 많이 했으니까 더 좋은 평가를 줄 수밖에 없다"고 말한다. 하지만 이는 공정하지 않다. 사원이 과장처럼 많은 일을 할 수는 없다. 이건 초등학생을 고등학생과 달리기 시합을 시켜놓고 "졌다"고 말하는 것과 같다. 중요한 것은 자기 '직급에 맞는 난이도'의 일을 하고 있는지 파악하는 것이다.

이제 마지막 단계는 '공유'다. 회의시간 등을 활용해

부서원 개인별 목표를 공개하도록 한다. 서로 어떤 목표를 갖고 있는지, 이를 어떻게 달성할 계획인지 서로 공유하게 하는 것이다.

생각해보자. 남들 다 20% 상승을 이야기하는데 나만 15% 하겠다는 건 왠지 자존심 상하는 일 아닌가? 리더의 지시가 아닌 부서원들 간의 '은근한' 경쟁을 통해 목표 달성에 대한 자발성을 높이는 것이다. 특히 이러한 방법은 정량화가 쉽지 않은 지원staff 업무에 꼭 필요하다. 사실 한 부서에서 근무한다고 해도 서로 하는 일이 다르다보니 누가 무슨 일을 하는지 모르기 십상이다. 그런데 이 과정을 통해 다른 팀원들이 무슨 일을 하는지, 그 일이 얼마나 어려운지 혹은 쉬운지 알게 된다. 그러면 나중에 평가를 할 때도 고민이 줄어든다. 이미 누가 얼마나 쉽고 어려운 일을 해왔는지 공공연히 알기에, 평가 점수에 대해서도 납득할 확률이 커지기 때문이다.

글로벌 기업 중에는 아예 이를 제도화한 곳도 있다. 회사의 큰 목표가 잡히면, 구성원 각자가 그 목표 달성을 위해 어느 정도를 목표치로 정할지, 그리고 어떤 아이디어로 목표를 달성할지 공유하고 토론하는 것이다. 이 과정을 거친 다음에야 최종적으로 리더와의 일대일 미팅을 통해 목표를 확정한다. 그러자 직원들이 목표를 자기 일처럼 생각하고 실행하게 되었다고 한다.

목표는 리더가 일방적으로 지시하는 것이라는 고정관념을 버리자. 목표 설정 과정에 참여시키면 구성원들의 주도성은 더 높아진다.

TIP

일상적 업무가 대부분이라 난이도 구분이 쉽지 않다면?

그날그날 주어진 업무를 처리하다보면 창의적 목표를 잡는다는 게 비현실적일 때가 많다. 실적과 바로 연결되는 기본 업무 목표가 우선시되기 때문이다. 부서의 성격에 따라서는 직급에 상관없이 하는 일이 비슷한 경우도 있다. 직급에 따른 난이도 구분이 쉽지 않아서 목표를 어떻게 잡아야 할지 애매하다.

그럴 때도 방법은 있다. 바로 '효율성'이 그 기준이다. 단순

노동 상황을 생각해보자. 이른바 '연차'에 따라 경력자가 더 많은 돈을 받아가는 게 일반적이라고 여긴다. 이유는? 똑같은 시간이 주어졌을 때 신참보다 좀 더 많은 일을 할 거라는 기대가 있기 때문이다. 바로 이게 효율성이다. '한 시간 동안 몇 건이나 처리할 수 있느냐?'가 또 다른 기준이 될 수 있다는 의미다.

조직 상황으로 들어가면, 한 달이라는 시간 동안 비슷한 난이도의 일을 사원과 과장이 각 10건씩 처리한 경우, 누가 더 일을 잘한 것일까? 당연히 사원이다. 애초에 이러한 기준을 갖고 구성원들을 평가해야 불만이 커지지 않는다.

목표 수립의
세 가지 기준을 제시하라

내년 목표 매출액을 세우기 위한 면담 상황을 생각해보자. 팀장이 말한다.

"이 과장, 30억! 할 수 있지?"

팀장의 말을 들은 과장은 당황한다. 여기다 팀장이 한 마디 더 한다.

"이 과장만 믿어, 할 수 있을 거야! 힘내!"

팀장의 지지를 한 몸에 받은 이 과장! 그는 '기쁨'을 느끼며 '30억' 목표 달성을 위해 몰입해 일할 수 있을까? 글쎄, 평소에는 한 번도 신뢰를 보여주지 않다가, 연례행사처럼 목표 설정 때만 격려해주는 상사를 믿고 따를 부서원은 없다. 그래서 필요한 것이 기준이다. 그냥 "해봐!"가 아니라, "왜" 그 목표가 나왔는지에 대한 근거가 필요하다는 의미다. 이를 통해 부서원 스스로 본인이 해야 할 일의 수준에 대해 납득할 수 있기 때문이다.

기준에 대해 설명하기 위해 협상학 이야기를 잠시 해보자. 협상에서도 내가 원하는 것을 얻기 위해서는 '기준'을 제시하라고 말한다. 이때 활용할 수 있는 기준이 세 가지다.

예를 들어 중고 노트북을 판다고 가정해보자.

"이 제품을 다른 중고 사이트에서 사려면 30만 원은

줘야 합니다."

이처럼 시장에서 실제로 거래되는 가격, 남들이 제시하고 있는 가격을 협상학에서는 시장가격market price이라고 한다.

"제가 작년에 50만 원 주고 샀는데, 1년 지났으니 40% 감가상각해서 30만 원에 팔겠습니다."

과거 시점을 기준으로 삼아 현재 가치를 산정한 가격을 과거가격historical price이라고 한다.

"IT전문 사이트에서 보니 이 제품의 현재 가치는 30만 원으로 나와 있습니다."

공식적으로 산정된 기준을 공시가격published price이라고 한다. 결국, 누군가를 설득하고 합의하려면 이 세 가지 기준 중 하나를 활용해야 한다.

부서원들을 몰입으로 이끌기 위한 목표 설정도 이와 마찬가지다. 시장기준, 과거기준, 공시기준 등 활용할 수 있는 최대한 많은 기준점을 찾아야 한다. 각각의 기준이 왜 필요한지 구체적으로 살펴보자.

먼저 시장기준을 제시하지 않으면 어떤 문제가 생길까? 구성원이 상사와 일대일 면담을 한 뒤 "나만 엄청나게 어려운 목표를 잡았다"고 불평을 하게 되기 때문이다. 다른 구성원들은 얼마나 어려운 목표치를 받았는지 모르는 상황에서 내가 느끼기에 '절대적'으로 과도하다고 생각하는 것은 인지상정이다. 이런 생각을 막기 위해서는 '다른 구성원들이 설정한 목표치', '경쟁사의 현황' 등 해당 구성원과 일대일 관계 이외의 이야기들을 충분히 해줘야 한다.

다음, 과거기준은 왜 필요할까? 목표 설정 면담에서의 과거기준이란 '전년도 성장률'이나 '3년간 평균성장률 추이' 등이 될 수 있다. 이를 듣고 나면 구성원은 리더가 제시한 목표가 '그냥' 떨어진 숫자가 아닌, 나름의 근거를 통해 나온 수치임을 이해하게 된다. 비록 그것을 마음 깊은 곳에서 공감하진 못하더라도 말이다. 최소한 리더에 대해 '내가 어떻게 일을 해왔는지 정도는 알고 계시는구나' 하는 생각이라도 하게 된다.

마지막 공시기준은 'CEO의 메시지', '회사의 전략적 방향' 등이 해당된다. 부서원이 이 목표를 달성해야 하는 이유, 즉 미션인 셈이다. 그런데 대부분의 리더들이 이 부분에 대한 고민을 많이 하지 않는다. 문제는, 이런 이야기가 빠지면 부서원은 오해를 한다는 사실이다. '혹시 팀장이 개인 욕심 챙기려고 과한 목표를 주는 거 아닌가?' 이런 오해를 없애기 위해서라도 공시기준에 해당하는 회사의 전략 등을 꼭 이야기해야 한다. 이랬을 때 내가 하는 일이 '조직 전체의 문제'라는 인식을 갖게 된다.

이렇게 기준을 모았다면, 이를 토대로 '지시'하면 될까? 아니다. 진짜 중요한 이야기는 지금부터다. 기준을 제시한 후 선택은 '부서원의 몫'으로 남겨둬야 한다. 상사의 일방적인 지시를 따르는 것이 아니라, 스스로 목표를 선택하도록 해야 한다는 뜻이다. 그럴 때 그 목표에 대한 몰입도가 높아지기 때문이다. 내가 하고 싶어서 선택한 일과, 남이 억지로 손 들게 해서 하는 일, 전자에 대한 주인의식과 책임감이 높은 건 당연한 이야기 아닌가? 리더는 목표 기준을 제시하되 지시해서는 안 된다.

먼저 시장기준. "우리 부서원들이 지난해 대비 평균 15% 더 하기로 했어. 이 과장은 어느 정도 하는 게 좋을까?"

과거기준을 활용하면, "이 과장의 지난 3년 실적이 평균 12%씩 올랐더라고. 내년엔 경기도 좋다고 하니, 좀 더 해보면 어떨까?"

마지막, 공시기준. "사장님께서 내년엔 아웃바운드 영업 비중 늘리자고 강조하신 거 알지? 그럼 고객도 늘어날 테니 매출 목표 금액도 높여야 하지 않을까?"

어떤가? 기준을 통한 목표 제시, 합리적이라 생각되는가? 그런데 많은 리더들과 함께 워크숍을 하면서 이런 이야기를 하면 꼭 이렇게 묻는 리더가 있다.

"부서원들에게 알아서 목표를 잡아 오라고 했을 때, 너무 낮게 잡으면 어떻게 하죠?'

충분히 할 수 있는 걱정이다. 하지만 이건 기준이 없을 때의 이야기다. 기준이 없으면 걱정하는 대로 '하고 싶은 만큼만' 목표를 제시할지 모른다. 하지만 '남들'은 어떻게 하는지, 본인이 '지금까지' 어떻게 해왔는지, '회사에서' 기대하는 바가 무엇인지 아는 상황에서도 하고 싶은 만큼만 하는 강심장은 찾기 어렵다.

기준을 제시해야 하는 이유가 뭘까? 구성원으로부터 목표에 대한 동의를 얻기 위해서? 아니다. 구성원 스스로 선뜻 동의할 정도면 이미 도전적인 목표수준이 아니다. 또한 아무리 여러 기준을 감안했다고 해도 매출 20% 상승이라는 목표는 버겁게 느껴지기 마련이다. 하지만 기준이 있으면 20% 상승이라는 목표에 동의는 못하더라도, 적어도 '팀장님이 오죽하면 저런 말씀을 하실까?'라는 생각은 하게 된다. 결국 서로의 상황을 이해하도록 하는 최소한의 장치가 기준 제시인 셈이다.

"해봐!" 하고 무작정 지시만 하는 것은 하수다. "상황이 이러이러하니 해봐!"라며 나름의 근거를 갖고 목표를 할당하는 것은 중수다. "이런 기준들이 있는데, 어디까지 해볼 수 있을까?" 하고 묻는 게 고수의 리더십이다. 그리고 고수인 리더에게서 고수의 부서원들이 자라난

설득하지 말고 납득하게 하라

다. 당신의 리더십은 어느 수준에 있는가? 당신은 하수의 세계에 머물러 있으면서 부서원들에게서 최고의 성과가 나오기만을 기대하고 있진 않은가?

상부에서 부여한 목표에 리더 스스로도 동의할 수 없다면?

리더가 제시한 목표에 대해 구성원들이 과도하다고 불평을 늘어놓을 때가 있다. 사실 어떤 경우에는 리더도 마찬가지로 느낄 때가 있다. 리더 역시 최종 의사결정을 하는 사람이 아니기 때문이다. 쉽지 않겠다고 생각되는 목표를 받았을 때 어떻게 대응하는 게 좋을까?

중국의 사상가 순자荀子가 이런 말을 했다.

"올바른 결정을 따르는 것은 순종, 잘못된 결정에 기꺼이 문제 제기하는 것은 충성, 잘못을 알면서도 따르는 것은 아첨이다."

조직의 리더에게도 이런 충성이 필요하다. 진짜 충성이란 기꺼이 문제 제기를 하는 것이다. 이유는 간단하다. 상부의 목표에 대해 리더 자신도 납득할 수 없으면, 절대 구성원들을 납득시킬 수 없기 때문이다. 결국 리더 본인이 납득할 방법을 찾아야 한다. 납득을 하지 못하는 이유는 다양하다. 근거가 부족하다고 느낄 수도 있고, 현실적으로 실현 가능성이 낮은 목표라 생각되기 때문일 수도 있다. 이런 문제의식을 가지고 상사에게 물어야 한다.

"이러이러한 이유로 제가 잘 납득이 되지 않는데, 직원들에게 어떤 근거를 들어 설명하면 좋을까요?"

이런 질문을 통해 상사도 현장 리더의 어려움을 느낄 수 있게 해줘야 한다. 만약 여기서 문제가 풀린다면 감사한 일이다. 하지만 속 시원한 답을 듣지 못할 때도 많다. 그럴 땐 어려움을 구성원들에게 솔직하게 털어놓고 공유해야 한다. 구성원들 역시 현장 리더 역할의 한계를 알고 있기에 그러한 노력을 했다는 것만으로도 감정적 공감대를 이끌어낼 수 있다.

설득하지 말고 납득하게 하라

목표에
헌신하게
만들려면?

조직원의 권리,
3I를 제공하고 있는가?

"2020년 우리 회사 매출 목표가 1조입니다. 생각
만으로도 가슴이 뛰죠. 이걸 달성하려면 뭘 해야 하나?
이 고민하느라 밤에 잠도 안 옵니다. 근데 우리 직원들
은? 그저 월급 받을 생각만 하지 주인의식이 없어요."

만약 CEO라면 이와 비슷한 생각을 하고 있을지 모른다. 시키는 일만 겨우 하는 직원들을 보면 답답할 것이다. 조직의 성장과 발전에 대해 고민하지 않는 모습엔 서운함이 밀려들지도 모른다. 그래서 "왜 이렇게 주인의식이 없어!" 하며 직원들을 질책한다. 답답한 마음, 충분히 이해된다. 하지만 손가락질의 방향이 틀렸다. 왜? 엄밀히 따져서 조직의 주인은 주주고 오너owner다. 주인이 아닌 사람한테 주인처럼 생각하라며 주인의식ownership spirit을 강요하는 것은 억지스러운 일이다. 주주도 오너도 아닌 조직원에겐 주인의식이 없는 게 오히려 당연하지 않은가? 하지만 조직원들에게 주인의식이 없다면, 그것은 주인으로 만들어주지 못한 리더의 잘못일 확률이 크다.

어떻게 하면 조직원을 주인으로 만들어줄 수 있을까? 방법은 간단하다. 주인 대접을 해주면 된다. 그렇다고 모든 조직원을 주주로 만들어주라는 이야기는 아니니 지레 겁먹지 말자. 주인이라면 마땅히 누리는 기본적인 권리를 조직원들도 누리게 해주자는 말이다. 글로벌 인사컨설팅회사 휴잇어소시에이츠Hewitt Associates에서는 주인으로서 누려야 할 최소한의 권리를 세 가지 'I'로 정리했다. 바로 정보information, 영향력influence, 이익interest이다. 국내의 중견여행사 여행박사 사례를 통해 이를 우리 조직에 어떻게 적용할 수 있을지 살펴보자.

첫 번째 I: 정보information

주인의 첫 번째 권리는 '정보'다. 지금 숟가락이 몇 개인지, 앞으로 밥그릇을 얼마나 늘릴지, 모든 일을 속속들이 아는 것이다.

"당신 회사 이번 분기 실적이 최고치라면서요?"

"처음 듣는 말인데. 뉴스에서 그래?"

주인 대접을 못 받는 직원들은 회사가 어떻게 돌아가는지 알 수가 없다. 주인의식이 생길 리 없다.

조직원을 주인으로 대우하고 싶다면? 현재 조직의 재무 상황과 실적은 어떤지, 앞으로 회사가 어떻게 변할지 같은 기업의 기본적인 정보를 말단 직원들에게까지 솔직하게 공개해야 한다.

자율적인 시스템으로 소문난 여행박사는 모든 직원의 법인카드 사용 내역을 공개한다. 누가 어떻게 회사 돈을 썼는지 누구든 한눈에 확인할 수 있다. 오해하지 말자. 서로서로 법인카드 사용 내역을 '감시'하자는 것이 아니다. 여행박사가 추구하는 것은 정보에 대한 '접근권'이다. 많은 회사에서는 대표나 재무팀이 아니면 회사 공금이 어떻게 활용되는지 알 도리가 없다. 반면 여행박사처럼 정보에 접근할 수 있는 기회만 줘도 조직원들은 재무 정보의 주인이 된다.

전략과 비전에 대한 정보 역시 마찬가지다. 올해 우리 기업의 전략이 신제품 출시인지, 기존 제품 거래처 확대인지를 명확히 전달하고 진행 상황을 공유하자. 이를 알아야 조직원들도 무엇에 집중해 활동할지 각자의 자리에서 생각할 수 있다.

두 번째 l: 영향력influence

정보를 가진 주인이 행사하는 결정적인 권리는 '영향력'이다. 주인의 말 한마디면 모두가 발 빠르게 움직인다. 특히 채용, 승진과 관련된 인사 결정에 미치는 오너의 영향력은 막강하다.

그런데 이 당연한 영향력이 여행박사에서는 뒤집어진다. 직원이 대표를 뽑는다. 대표뿐만 아니라 팀장, 임원 모두 투표로 선출한다. 평사원이 팀장으로 승진하고 싶다면? 공약을 걸고 선임 투표에 참가하면 된다. 초임이면 구성원 50%의 지지가 필요하다. 재임 이후부턴 10%씩 더해진 지지율(상한선은 70%)을 받아야만 자리를 유지할 수 있다. 실제로 2013년, 여행박사를 창업한 신창연 대표가 연임 투표에서 떨어졌다. 창업 이래 14년간 대표직 연임에 성공했던 신창연 대표는 원래 연임 투표에서 받아야 하는 70%가 아닌 80%의 지지율을 받지 못하면 대표직에서 물러나겠다고 공약했다. 투표 결과는 79.2%. "열심히 일하면 나도 사장이 될 수 있다는 비전이 있어야 한다." 그는 이 말과 함께 대표 자리에서 물러났다. 새로운 대표는 인센티브 1억 신화를 만든 29세의 팀장이었다. 이처럼 여행박사에서는 모든 조직원이 인사 결정에 영향력을 발휘한다.

당신 조직은 어떤가? 인사 결정권은 고사하고, 회사를 바꿀 기가 막힌 의견을 말할 곳은 있는가? 조직원들이 조직에 발휘하고자 하는 영향력은 거창한 게 아니다. 회사의 성장과 발전을 위해 자신의 의견을 제시할 수만 있어도 된다. 주인의식을 탓하기 전에 조직원들이 의견을 말할 공간부터 먼저 마련해주자. 신입직원 커뮤니티, 혁신제안 게시판, 정보 공유 메일 등 방법은 다양하다. 당신조직에 적합한 안은 무엇일지 생각하면 된다.

세 번째 l: 이익interest

주인에게 중요한 세 번째 권리는 역시 '이익'이다. 주머니처럼 솔직한 건 없다. 월급을 주지 않느냐고? 월급은 노동의 대가에 불과하다. 고만고만한 월급을 들먹이며 주인의식을 가지고 더 열심히 일하라고 백날 말해봤자 소용이 없다. 일한 만큼 돌아오는 게 있어야 열심히 일할 또 다른 동기가 생긴다. 그렇지 않다면 회사 목표가 1조가 되든 10조가 되든, 나와는 상관없는 일이다. 가슴이 뛰는 게 이상하다. 결국 성과만큼 이익을 배당하는 제도가 필요하다는 말이다.

여행박사는 보상도 직원들 스스로 결정하게 했다. 방법은 이렇다. 여행박사는 팀별로 회사에 납부할 일정 금액을 정해 이 금액만 회사에 넘기도록 한다. 나머지는? 전부 팀원들이 알아서 나눠 가진다. 무슨 말이냐고? 회사에 내야 하는 팀별 금액이 50이라고 치자. 70을 번 팀은 회사에 50을 내고 남은 20을 나눠 가진다. 만약 이 팀이 100을 벌면? 50을 나눠 가질 수 있다. 자신 있다면 혼자 팀을 꾸려도 된다. 자신이 얼마나 열심히 하느냐에 따라 보상은 천차만별이다.

물론 여행박사처럼 극단적인 방법을 사용하지 않아도 된다. 성과급 PS(Profit Sharing), PI(Project Incentive) 또는 우리 사주, 스톡옵션 등 이익을 분배하는 방법 중 알맞은 방법을 찾으면 된다. 다만 이익을 분배하는 룰이 필요한 것이다.

조직원들에게 정보, 영향력, 이익이라는 3I를 제공한 여행박사의 성과는 어떨까? 2000년 단돈 250만 원으로

출발한 작은 회사는 현재 직원 200여 명에 매출액 2,000
억을 넘는 중견기업으로 성장했다. 주인 대접을 받은 직
원들이 주인이 돼 움직인 결과다.

현재 조직 차원에서 제공하는 3I가 부족할 수 있다.
이때는 리더 개인이라도 후배들과 3I와 관련된 이야기
를 많이 해보면 어떨까. 지금 회사 사정이 어떤지에 대
한 정보는 아래로 전달해주고, 조직원들의 의견은 영향
력을 발휘할 수 있도록 위로 올려주는 소통의 사다리 역
할을 맡아보자. 조직원들이 뜨겁게 반응할 것이다.

TIP

연간목표 이외에 갑자기 수명업무가 주어졌을 때

리더가 업무를 할당할 때 담당자에게 충분한 정보를 주고
그 일이 어떤 이익을 만들어낼 수 있는지 설명해줄 수 있다
면 바람직하다. 하지만 기업은 연초의 계획만 가지고 1년
을 운영할 수가 없다. 외부 시장은 물론 내부 전략방향에
의해서도 너무나 많이, 자주 달라지기 때문이다. 그래서 상

부에서 주어지는 갑작스러운 업무가 종종 생겨나게 된다.

그런데 이 수명업무를 누구에게 줘야 할지 어떻게 판단할까? 그 시점에 마침 한가한 직원이 있는 경우란 거의 없고, 혹 있다고 해도 그런 직원들은 업무 능력이 썩 뛰어나지는 않아 일을 맡기기가 미덥지 않다. 결국 많은 경우 리더 혼자 끙끙거리며 붙잡고 가게 된다.

해결책을 설명하기 전에 수명업무의 개념을 명확히 할 필요가 있다. 수명업무를 '그때그때 부여되는 잡무'라고 생각하는 경우가 있다. 예상치 못한 시점에 부여된 일이기 때문에 그렇게 느낄 수도 있다. 하지만 '잡무'는 특별한 지식이나 기술을 필요로 하지 않는다. 그저 시간투자만 하면 되는 일이다. 잡무는 '일을 시키는 시점'에 가장 여유가 있는 직원이 하도록 하면 된다.

문제는 진짜 수명업무를 누구에게 줄 것인가다. 수명업무란 단순한 잡무와 달리 부서 및 회사의 생산성에 영향을 미치는 '중요한 프로젝트성 업무'이기 때문이다. 예컨대 신사업 프로젝트로 TFT 수행을 하는 경우, 대부분의 리더들은 부서에서 상대적으로 우수한 직원에게 수명업무를 맡기게 된다. 하지만 이런 일을 할 수 있는 직원들의 공통점이 있다. 바로 '너무 바쁘다'는 것이다. 안 그래도 자기 일 때문에 바쁜 직원에게 수명업무까지 시키자니 부담이 된다는 게 리더들의 하소연이다.

이 문제를 풀 방법은 어렵지만 의외로 간단하기도 하다. 가산점이 있음을 미리 공지하는 것이다. 수명업무 수행에 대해 평가 때 가산점을 주면 된다. 조직 구성원들은 어쩔 수 없이 '좋은 평가'를 보고 움직이게 된다. 아무것도 주지 않은 채 "자네가 일을 잘하니까 맡기는 거야" 하는 사탕발림은 통하지 않는다. 그래서 어떤 기업에서는 수명업무를 맡는 직원에게는 반드시 그 성과를 핵심성과지표Key Performance Indicators(KPI)에 반영해 가산점을 주도록 하고 있다. 그러면 연말 평가를 위해서라도 수명업무를 맡겠다는 사람이 자발적으로 나서게 마련이다.

성과관리의 모든 문제를 리더십 측면에서 해결할 수는 없다. 좋은 제도가 함께 뒷받침될 때 좀 더 정확한 성과관리가 이뤄질 수 있다.

진짜 목표와
가짜 목표를
구별하는 법

스마트한 목표 수립의 5요소,
SMART

자, 다음 중 진짜 '목표'는 무엇일까?

"연말까지 본부 내에서 최고의 팀이 되자!"

"매출 30% 높일 기획안을 만들자!"

"부서원 코칭을 열심히 하자!"

뭐가 진짜 목표 같은가? 전부 그럴듯해 보이는가? 답은 '없다'이다. 앞의 세 가지 모두 목표가 아니라는 뜻이다. 그 이유를 하나씩 풀어보자.

먼저 "본부 내에서 최고의 팀이 되는 것"이 목표가 아닌 이유는? '최고의 팀'이 뭘 의미하는지 구체적이지 않다. 영업조직을 예로 든다면, 어떤 팀장은 '전체 매출액'을 기준으로 최고의 팀인지 아닌지 따진다. 하지만 어떤 팀장은 '신제품 판매 비중'을 가장 중요한 요소로 볼 수도 있다. 혹은 '전년 대비 성장률'이 핵심이라고 생각하는 팀장이 있을 수도 있다. 그러면 무슨 문제가 생길까? 모르긴 해도 연말이 되면 모든 팀이 자신들이 가장 뛰어난 부분을 근거로 들며 "최고가 됐다"고 주장할는지 모른다. 결국 아무 의미가 없는 '주장'인 셈이다. 구체적이지 않은 목표는 목표가 아니다.

두 번째, "매출 30% 높일 기획안 만들기"는 왜 목표가 아닐까? 일단 숫자가 들어갔으니 구체적인 듯 보인다. 하지만 여기는 언제까지 하겠다는 '기한'이 없다. 언제가 됐든 하고 싶을 때 하겠다는 말이다. 조직 구성원이 이런 목표를 제시하면 리더는 대견해하기 십상이지만, 일주일 정도 지난 후 진척 상황을 물었다가 실망하게 된다. "기획안 잘 쓰고 있어?" 구성원이 대답한다. "아, 지금은 일이 바빠서요. 기획안은 다음 달에 고민 좀 해보려고 하는데요?" 여기에 대고 팀장이 무슨 얘길 할 수 있을까? 마감시한이 없으면 관리를 할 수 없다. 그래서 이것 역시 목표가 아니다.

마지막, "코칭 열심히 하기". 이것의 문제는 '측정 가능성'이다. 열심히 한다는 근거가 뭔가? 지금까지는 한 번도 하지 않았으니 연초 연말에 한 번씩 하면 열심히 하는 것일까? 아니면 정기적이지는 않더라도 마음 내킬 때 최선을 다해 코칭을 해주면 열심히 하는 것일까? 이게 진짜 목표가 되려면 "전체 부서원을 대상으로 월 1회 30분 이상 코칭을 한다"는 식으로 측정할 수 있는 지표가 포함돼야 한다.

이제 어느 정도 목표에 필요한 요소가 보이는가? 많은 책에서 언급하는 것처럼 목표는 스마트SMART해야 한다. 구체적이고Specific, 측정 가능하며Measurable, 달성 가능하고Achievable, 연관성Relevant이 있으며, 시한이 정해져Timed 있어야 한다.

이 중 앞에서 구체성(S), 측정 가능성(M), 시한(T)을 설명했다. 그리고 이게 흔히 목표에서 말하는 핵심성과지표, 즉 KPI의 요소다. SMT가 빠진 목표는 진짜 성과목표가 아니라는 의미다.

그럼 달성 가능성(A)과 연관성(R)은 뭘 의미하는 걸까? 이는 앞 장에서 설명한 목표의 '기준'과 연관된다. 즉 SMT가 갖춰진 목표를 세우기 전 확인해야 하는 목표 설정의 전제다. 아무리 목표를 구체적으로 써도 달성 가능성(A)이 없다면 그저 '꿈'일 뿐이다. 지난해까지 10억 매출을 달성한 사람이 별다른 시장 변화도 없는데 50억 매출을 올리겠나고 주장한들, 그걸 목표로 받아줄 수는 없는 노릇이다. 연관성(R)도 마찬가지다. 예를 들어 조직이 원하는 바는 '재고 소진'인데, 어떤 구성원이 '신제품 판매 비중 70% 이상'이라는 목표를 들고 온다면? 조직이 추구하는 방향과 맞지 않는 것은 목표라 할 수

설득하지 말고 납득하게 하라

없다.

목표는 단순한 '지향점'이 아니다. 목표 안에는 회사의 전략적 방향부터 그걸 이루기 위한 방법론까지 고민이 담겨 있어야 한다. 이를 위해 가장 기본이 되는 것이 SMART 요소다.

일하는 법을 알려주는 도구, Task Breakdown Sheet

일을 하다보면 자주 보게 되는 안타까운 모습이 있다. 상사는 부하에 대해 혹평한다. "말귀를 못 알아듣고 엉뚱한 일을 한다." 부하는 상사를 탓한다. "지시를 제대로 해주지 않는다." 어떻게 하면 이런 동상이몽을 없애고, 명확한 업무의 끝 그림을 그릴 수 있을까?

가장 이상적인 해법은 '지시·보고 상황에서의 충분한 질문과 대화'다. 이 업무를 언제까지 왜 어떻게 누구와 함께 하면 좋을지, 상사에게 구체적인 내용을 확인하면 명확한 업무의 끝 그림을 그리는 데 도움이 된다. 하지만 매번 바쁜 상사를 붙잡고 꼬치꼬치 묻기가 쉽지는 않다.

이때 사용할 수 있는 도구가 여기 있다. 일본 3만 개 기업에서 사용하는 'Task Breakdown Sheet'다. 이 양식에는 업무에 기대하는 최종 결과물, 업무 지시 배경, 중간보고와 마감 시한, 일을 잘하기 위해 도움 받을 사람 등 업무의 끝 그림을 구체적으로 그리는 데 필요한 요소들이 담겨 있다.

상사가 일을 시킬 때, 본인이 이해한 대로 바로 업무를 시작하지 말자. 대신 이 양식을 활용해 스스로 업무의 끝 그림에 대해 먼저 고민해보자. 그 후 일을 시킨 상사에게 돌아가 자신이 파악한 업무의 끝 그림이 맞는지 잠깐이라도 상의해보자. 아무리 바쁘다고 해도 본인이 시킨 업무를 어떻게 할지 고민하고 조언을 구하는 조직원을 내치는 리더는 없을 것이다. 오히려 리더 역시 이 표를 확인하면서 보다 명확한 끝 그림을 그리게 되며,

Task Breakdown Sheet

• 업무 지시 배경(큰 그림)

_____   • 지시자 _____

• 지시 받은 업무

_____

_____   • 최종 결과물 / 평가지표

_____

• 중간보고 _____   • 완성일 _____

작업내용 (누구와/어떻게 진행할지를 키워드로 작성한다)

Hear	누군가에게 물어야/들어야 할 일
Inform	누군가에게 전달해야 할 일
Request	누군가에게 부탁해야 할 일
Operate	자신이 실행해야 할 일
Review	조사 검토를 필요로 하는 일
Negotiate	미리 누군가와 교섭해야 할 일

처음 일을 시킬 때 미처 생각지 못했던 조언을 해줄 수도 있다.

"아, 이번 보고서가 필요한 이유를 알려줄게. 사장님이 경쟁사 전략을 듣고 긴급히 우리 쪽 대응을 마련하고 싶어 하셔. 이 사람은 굳이 안 만나도 되고, 이 자료를 뒤지면 도움이 될걸?"

물론 업무의 끝 그림을 고민하고 상사와 부하가 상의를 하다보면 본격적인 업무 시작은 늦어질 수 있다. 하지만 엉뚱한 일을 했다가 처음부터 다시 하는 상황은 확실하게 피할 수 있다. 이 양식을 간단하게라도 변형해서 활용해보면 어떨까.

TIP

구성원 개인 목표와 조직의 목표가 일치하지 않을 때

연말 평가 시즌, 대부분의 직원들이 개인 목표치를 다 달성했는데 이상하게도 팀 전체의 조직 목표는 달성되지 않은 경우가 있다. 구성원들도 이 결과를 놓고 고개를 갸우뚱

거리지만 리더 역시 이해가 잘 안 되기는 마찬가지다. 모두 맡은 일을 충실히 했는데 전체 목표 달성에는 실패한 상황, 무엇이 문제일까.

맞벌이 부부의 자녀들이 많이 다니는 한 유치원 원장에게 큰 고민이 하나 있었다. 바로 하원시간을 매번 지키지 않는 학부모들을 어떻게 바꿀 것인가였다. 결국 원장은 아이를 늦게 찾으러 오는 부모들에게 10분 늦을 때마다 1,000원의 벌금을 부과하는 방법을 생각해냈다.

결과는 어떻게 되었을까? 벌금제 효과로 지각이 줄었을까? 원장의 기대치와 달리, 부모들의 지각률은 도리어 더 높아졌다. 심지어 그전까지 시간을 잘 지키던 부모들까지 종종 하원시간에 늦는 일이 생겨버렸다.

이유가 뭘까? 벌금이 너무 작은 게 문제였을까? 그랬을 수도 있다. 하지만 근본적인 이유는 사람의 '마음'에 있다. 벌금이 없을 때 부모들은 지각에 대해 진심으로 '미안한 마음'을 갖고 가능한 한 시간을 지키기 위해 애를 썼다. 하지만 벌금제가 생기는 순간, 미안해할 필요가 없어졌다. '미안함'이 '벌금'으로 해결되기 때문이다. 결국 부모들은 '벌금 내봐야 까짓 얼마 된다고…' 하는 생각으로 마음 편히 늦게 되는 것이다.

조직에서도 마찬가지다. 지각을 줄이려고 '세 번 지각이면 반차를 소진'시키는 제도를 시행한다고 하자. 지각률이 줄어들까? 도리어 지각은 늘고, 지각하면서도 반성하기는커녕 '내 휴가 쓰는데 뭘…' 하는 마음이 생길 것이다.

개인적인 성과 목표를 세우기 전에 목표의 본질, 즉 핵심과제를 생각해야 한다. 앞의 사례에서 보았듯 문제의 본질을 파악하지 못하면 엉뚱한 결과가 나타난다. 모든 일은 시작하기 전에 반드시 본질을 생각해야 한다. 성과관리에서도 마찬가지다. 그럼 성과 목표의 본질은 뭘까? 조직 전체가 더 나은 성과를 내기 위한 '큰 목표와 과제'가 먼저 잡혀야 한다. 이를 경영학에서는 핵심과제Critical Success Factor(CSF)라고 한다. 조직의 목표를 성공적으로 수행하기 위해 반드시 고려해야 할 핵심과제인 셈이다. 이를 해결하는 것이 목표의 본질이다.

쉬운 예로 CSF를 설명해보자. 당신은 '행복한 가정 만들기'라는 목표를 세웠다. 이를 위해 필요한 CSF는 뭘까? 일단 '좋은 부부관계'가 유지돼야 한다. 그리고 자본주의 사회인 만큼 '경제적 안정'도 중요하다. 마지막, 돈이 많아도 아프면 다 부차적이다. 그래서 '건강 유지' 역시 행복한 가정의 선결 과제로 꼽는다. 이런 것들이 바로 CSF다. '행복한 가정'을 이루기 위한 핵심요소.

이처럼 CSF가 도출된 뒤에 앞의 표와 같이 이를 해결하기 위한 구체적이고 측정 가능하며 시간요소가 포함된 개인적 핵심성과지표, KPI를 수립해야 한다. 그래야 KPI를 달성했을 때 애초에 원했던 목표를 달성할 수 있게 된다.

CSF가 중요한 이유는 CSF가 무엇이냐에 따라 지표 설정 자체가 달라지기 때문이다. 프로야구를 예로 들어 생각해보자.

당신이 프로야구 구단주로 취임을 해서, '공격적인 야구'라는 목표, 즉 CSF를 세웠다고 해보자. 이러한 CSF 아래에서는 공격을 할 때 한 베이스라도 더 나아가기 위해 애를 써

'행복한 가정 만들기'의 CSF와 SMT

CSF	Specific	Measurable	Timed
좋은 부부관계	대화 시간	한 번 마트 함께 가기	일주일에
	여행 횟수	한 번 이상	반년에
건강 유지	운동 시간	30분씩 3회 이상	일주일에
	체중 관리	현재보다 2kg 감량	상반기 동안
경제적 안정	지출액	전월 대비 5% 줄이기	매달
	목표금액	5억	10년 후

야 한다. 즉 '도루 시도'가 중요한 평가지표가 돼야 한다. 투수의 경우엔 도망가는 피칭이 아니라 초구부터 스트라이크를 던지기 위해 애를 써야 한다. 결국 '초구 스트라이크 비율'이 또 다른 지표가 돼야 한다.

하지만 만약 당신이 '이기는 야구'라는 CSF를 갖고 있다면? 도루는 실패에 따른 부담이 생긴다. 그래서 희생번트 같은 작전이 더 적합할 수도 있다. 투수 입장에서도 초구부터 공격적으로 던지면 안타를 맞을 확률이 커진다. 초구 스트라이크 비율이 중요한 지표가 될 수 없다는 의미다. 중요한 지표는 오로지 '승률'이 될 것이다. 결국 구성원 각자가 어떤 활동에 중점을 둘 것인가는 CSF가 무엇인가에 따라 달라져야만 한다.

기업도 마찬가지다. 만약 '매출 성장률 150% 달성'이라는 경영목표를 세웠다고 생각해보자. 이것만 갖고 바로 KPI를 고민하기 시작하면, 누구는 상품 개발에만, 누구는 재고 소진에만 매달릴 수 있다. 세부적 고민을 하기 전에, 매출 성장에 중요한 요소들을 정리해야 한다. 예를 들면 '신규 상

CSF 예시

CSF	Specific	Measurable	Timed
신규상품 개발	신상품 개발 계획 준수율	전년 대비 20% 향상	3개월 내
영업조직 강화	신규 거래 개척 샘플 제시 건수	매달 30건 이상	상반기 내
운영 효율화	콜상담센터 프로세스 개선	1달 4건 이상 개선사례 및 결과 보고	3개월 내

품 개발', '영업조직 강화', '운영 효율화'라는 항목으로 세 분화할 수 있다. 이렇게 큰 그림을 먼저 그려보는 작업을 통해, 단순한 판매 촉진 외에도 인력 운용이나 조직 구성 등에 대한 고민까지 함께 해볼 수 있는 것이다. KPI는 그다 음에 고민해도 늦지 않다.

목표에 좀 더
몰입하게
하려면?

내적 동기를
자극하라

한 신문기사의 제목이 눈길을 끌었다.

'80억 보너스 박차고 빈민가로 간 월가 직원, 지금이 훨씬 행복.'

타이틀만 보고는 쉽게 이해할 수 없었다. 빈민가에서

일을 하면, 월가에서 받을 수 있었던 80억 보너스보다 더 많은 돈을 받는 걸까? 물론 아니었다. 하지만 기사의 주인공인 샘 포크Sam Polk는 비영리단체를 운영하며 빈민층을 대상으로 봉사활동을 하는 삶이 더 좋다고 말했다.

요즘 젊은이들 중엔 이런 선택을 하는 사람이 적지 않다. 다시 말해 '먹고살기 위해' 일을 하는 게 아니라 '또 다른 무언가'를 찾고자 일을 선택하는 사람들이 늘어나고 있다는 말이다. 사람들은 자신이 일을 하는 '동기', 즉 명확한 '이유'를 찾고자 하기 때문이다.

많은 사람들이 먹고살기 위해 일을 한다. 이처럼 성취에 대한 외적 보상으로 유발되는 동기를 심리학에서는 '외적 동기'라고 말한다. '시험 100점 받으면 엄마가 장난감 사준다고 했어!' 하는 기대를 갖고 공부하는 아이는 외적 동기로 움직이는 것이다. 이렇듯 외적 동기는 자기 의지가 아닌 상황적 요인에 의해 결정된다. 그리고 이 외적 동기, 즉 외부적 자극이 사라질 때 일을 하고자 하는 마음도 함께 줄어든다. 조직에서의 외적 동기는 승진, 연봉 인상 등이다. 물론 중요하다. 하지만 이것이 전부는 아니다.

어떤 직원은 자신의 성장과 발전을 위해 일한다고 말한다. 외부 자극에 의해서가 아니라 스스로 어떤 과제를 성취하고자 하는 동기를 '내적 동기'라고 말한다. "왜 공부를 하니?"라고 물었을 때 "문제를 풀어내는 게 재미있어요"라고 대답하는 아이는 내적 동기에 의해 움직이는 아이다. 자신의 성취감과 발전을 위해 행동하게 하는 것이 내적 동기다.

조직원들에서 성과 목표를 줄 때는 외적 동기와 함께 내적 동기를 찾아야 한다. 외적 동기 때문에, 즉 먹고살기 위해서만 일을 하면, '먹고살 만큼만 하자'고 생각하게 된다. 그래서 대충대충 일하기 쉽다. 목표도 '내가 달성하기 쉬운 만큼'만 잡게 된다. 그래야 나쁜 평가를 받지 않을 테니까. 그리고 '나는 충분히 밥값을 했다'고 생각하기 때문에 일이 더 주어지면 손해 본다고 느낀다.

그래서 좀 더 도전적인 목표 설정을 유도하려면 일을

통해 받게 되는 외적 보상이 아닌 그 일을 통해 본인이 얻게 되는 가치, 본인의 일이 기여하는 바, 즉 내적 동기를 함께 강조해야 한다.

내적 동기를 찾는 것, 좋다. 하지만 대부분의 직장인들은 '의무감' 때문에 일을 하고 있다. 내적 동기를 찾으라는 이야기는 그저 좋은 말이라고만 생각하고 흘려들을지 모른다. 그래서 리더가 중요하다. 과거의 리더는 '일을 잘 가르쳐주는 사람'이면 됐다. 하지만 이제는 달라져야 한다. '일의 의미를 가르쳐주는 사람'이 진짜 리더다.

팀원들에게 목표를 써 오라고 하면 그저 그런 목표만 가져온다고 탓하고만 있는가? 스스로에게 먼저 물어보자. 팀원들이 하는 일이 어떤 의미를 갖는지에 대해 한 번이라도 이야기해준 적이 있는지. 없다면, 찾아보자. 그리고 자세히 설명해주자. 그게 당신이 원하는 '도전적 목표 수립'의 첫걸음이 될 것이다.

내적 동기란?

첫 번째 상황. 당신은 안경회사의 팀장이다. 회식 자리, 신입사원이 겁 없이 묻는다.

"팀장님, 제가 하는 일이 대체 뭔가요?"

이때 보이는 당신의 반응에 따라서 리더십의 수준을 볼 수 있다.

하수의 리더는 대답이 짧다.

"몰라서 묻냐? 요새 애들은 하여간…."

중수는 친절하게 설명해준다.

"좋은 안경 만들어서 필요한 사람들에게 잘 파는 거지!"

고수인 리더는 어떻게 답할까? 그들은 안경 자체에 집중하지 않는다. 대신 안경을 통해 사회에 주는 가치를 떠올린다. 그래서 이렇게 답한다.

"우리는 눈이 침침한 분들에게 '밝은 빛'을 주는 사람들이야." "우리는 '멋진 스타일'을 제공하는 역할을 하지."

당신이 신입사원이라면, 세 명의 리더 중 누구와 함께 일할 때 더 몰입할 수 있을까? 그리고 매출을 늘리기 위해 스스로 애쓰게 될까?

또 다른 사례. 당신은 헤어숍을 운영하고 있다. 기자가 찾아와 묻는다.

"점장님께서는 어떤 일을 하시나요?"

앞에서 연습문제를 풀어봤으니, "머리를 만지는 사람입니다"라고 답하는 사람은 없을 것이다. 최소한 "사람들에게 멋진 스타일을 만들어주는 역할을 합니다"라는 답은 하게 된다. 여기서 한 걸음 더 나아가면, 이런 답을 할 수 있다.

"우리는 고객의 감춰진 아름다움을 일깨워 그들에게 자신감과 행복을 주는 일을 합니다."

어떤가? '멋진 스타일을 만들어주는 사람'이 일을 할 때의 몰입도와 '행복을 주는 사람'이 일을 할 때의 몰입도, 당연히 후자가 더 높지 않을까? 그리고 구성원들 역시 '행복을 주기 위해' 더 많은, 새로운 방법을 고민하지 않을까?

Q&A

목표 수립, 이것이 궁금하다

Q

정량적인 평가가 힘든 지원부서의 목표는 어떻게 세울까?

영업부서처럼 실적을 눈에 보이는 '숫자'로 나타낼 수
있으면 좋은데, 그렇지 않은 지원부서는 목표를 잡는
것부터 힘듭니다. 각자 본인이 맡은 일을 열심히 하는
데 어떤 기준으로 잘했다 못했다 말하기도 애매하고요.
숫자로 평가하기 힘든 부서의 목표를 제대로 세울 방법
이 있을까요?

A

3D의 3단계 프로세스가 필요하다

가장 무책임한 목표가 '열심히 하겠다'는 것이다. 결과
치가 정량적으로 측정되지 않을 때 이런 식으로 목표를
정하곤 한다. 조직에서는 특히 지원부서가 모호한 목표
로 곤란을 겪기 쉽다. 이러한 실수를 최소화하기 위해
지켜야 할 세 가지 단계가 있다. 이를 우리는 3D 3단계
프로세스로 설명한다. 정의define, 구분divide, 발전develop

의 세 단계다.

첫 번째는 정의define이다. 지원조직이 전체 회사, 전체 조직 내에서 어떤 존재 이유를 갖고 있는지를 정의하는 것이다. 지원부서가 '돈을 만들어 오는 부서'는 아니다. 하지만 불필요한 낭비원은 더더욱 아니다. 지원부서가 필요한 이유는 한마디로 '현업부서와 구성원의 성공을 돕는' 데 있다. 그래서 지원부서의 목표를 세울 때는 해당 부서의 '고객'이 누구인지, 그들에게 '어떤 가치'를 줄 것인지, 그 '방법'은 무엇일지 정리해야 한다.

대표적인 지원조직인 인사팀을 예로 들어 설명해보자. '영업인력 채용 효율화'라는 목표를 세웠다면, 이때의 '고객'은 영업본부 담당자들이다. 그리고 그들에게 적합한 인력을 채용해줌으로써 '가치'를 제공할 수 있다. 마지막, 평가의 기준이 되는 '방법'을 생각해야 한다. 현재보다 채용에 걸리는 시간을 줄인다거나, 채용한 인력이 좀 더 나은 영업성과를 낼 수 있다면, 인사팀은 고객인 영업본부에게 충분한 가치를 줬다고 평가할 수 있다.

이렇게 지원부서의 존재 이유를 정리했다면, 두 번째로 구분divide하는 것이 필요하다. 앞서 설명했듯 지원부서는 돈을 직접 벌어 오는 부서는 아니다. 그렇다고 지원부서의 평가에서 실적을 아예 제외할 수는 없다. 그렇게 되면 지원부서는 실적과 상관없이, 단지 그 부서 관점에서 하고 싶은 일만 하는 함정에 빠질 수 있기 때문이다. 그래서 지원부서로서 '할 수 있는 영역'과 '할 수 없는 영역'을 구분해 평가 시 비율을 할당해야 한다.

'우수한 영업인력 채용'이라는 목표가 있다고 하자. 여기서 '우수한 영업인력'이란 높은 매출 실적을 올리는 사람을 뜻한다. 이 기준을 충족시키기 위해 인사팀에서는 나름 기준을 세우고 선발을 한다. 하지만 그들이 실제로 높은 실적을 올릴지는 인사팀에서 확신할 수 없다. 다만 그 확률을 높일 뿐이다. 그래서 많은 회사들이 '신규 유치한 우수 인력 수'와 같이, 인사팀 내에서 할 수 있는 영역에서만 수치적 목표를 잡곤 한다. 하지만 현업의 성공을 돕도록 연계성을 높이려면 인사팀에서 할 수 없는 영역, 예컨대 '매출 실적' 같은 것도 일정 부분 평가에 반영을 해줘야 한다. 그래야 지원부서 직원들이 현업에서 실제로 필요로 하는 일을 하게 되고, 조직 전체 성과 달성에도 기여하게 된다.

현업의 실적을 지원부서의 성과 측정에 어느 정도의 비율로 적용할 것인가에 대한 답은 없다. 조직 내부의 판단에 따를 수밖에 없지만, 통상 '할 수 있는 영역'은 70%, '할 수 없는 영역' 즉 외부적 요인은 30% 정도로 잡는 것이 일반적이다.

마지막 세 번째 단계는 발전develop 단계다. 지원부서가 현장의 성공 지원을 위해 구체적으로 뭘 할 것인지를 정리하는 단계다. 이때는 세 가지 역할로 접근할 수 있다.

가장 기본적인 것은 현업에서 현재 진행 중인 업무에 대한 정확한 정보, 지표를 주는 것이다. 영업 등의 현업부서는 본인이 맡은 일, 그 분야의 실적만 볼 확률이 크다. 하지만 지원부서는 조직 전체 관점에서 조망할 수 있다. 그만큼 많은 정보가 모이기 때문이다. 그래서 현재 현업부서가 다른 부서에 비해 부족한 것이 무엇인지, 어떤 부분에 더 집중해야 하는지 등을 구체적 지표와 함께 제시해줄 수 있다.

그다음은 좀 더 나은 실적 달성을 위해 필요한 외부 전문자료 등을 제공하는 것이다. 모 대기업 교육부서에서는 매달 정기적으로 회사의 성과 향상에 필요한 주제를 잡고 이와 관련된 책을 요약해 현업 적용 포인트를 제시하기도 한다. 이처럼 현업에 직접적 도움을 주는 일을 하려는 노력이 중요하다.

마지막 역할은 풀기 어려운 문제가 생겼을 때 전문가 등을 연결해주는 것이다. 비슷한 경험을 한 적이 있는 사내의 전문가, 또는 다양한 업무 경험이 있는 외부 인력과의 연결 작업도 지원부서의 중요한 역할 중 하나라고 볼 수 있다. 이런 식의 구분이 이루어진다면, 그저 "열심히 지원했습니다" 같은 변명을 하지 못한다.

Q

담당이 명확하지 않은 업무는 누구에게 어떻게 분배해야 할까?

일을 하다보면 각자 맡은 업무 외에도 수많은 일들이 생깁니다. 이럴 때 누구에게 어떻게 일을 시켜야 하나 고민이 됩니다. 만약 그 일이 눈에 보이는 성과를 낼 수 있는 거라면 서로 하겠다고 나설 테지만, 그렇지 않은 경우, 예를 들어 어렵진 않지만 귀찮은 일은 어떻게 시켜야 할까요?

A

시급성과 중요성을 고려한 그들만의 리그가 필요하다

세계적으로 많은 팬을 확보한 영국의 프로축구 프리미어리그에 대한 재미있는 통계가 있다. 젊은 선수가 역량을 키우기 위해서는 1부 리그보다 2부 리그가 더 유리하다는 것이다. 비밀은 출전 횟수에 있었다. 프로선수의 역량은 얼마나 많은 경기에 꾸준히 나올 수 있는가와 비례하기 때문이라는 게 통계에 대한 해석이다.

조직에서도 마찬가지다. 리더로서는 일 잘하는 직원에게 많은 일을 맡기고 싶은 게 당연한 마음이다. 하지만 조직을 그런 방식으로만 운영하면 '인재육성'이라는 리더의 또 다른 역할은 놓치게 된다. 그리고 충분한 기회를 주지도 않은 채 "자네는 일을 못해서 하위 고과야"라고 말하는 것도 불합리하다.

하지만 구성원을 키우겠다고 무작정 일을 나눠줄 순 없다. 일의 시급성과 중요성이라는 두 가지 함수를 고려해 수준에 맞게 나눠야 한다. 역량이 부족한 직원에게는 중요성이 약간 떨어지지만 급한 일을 처리하도록 하는 게 낫다. 혹은 중요하지만 급하지 않은 일을 맡기고 중간중간 꾸준히 피드백을 하며 일을 하는 방식을 배우도록 해야 한다.

이런 방식에는 두 가지 이점이 있다. 하나는 우수한 직원의 탈진burn-out을 막을 수 있다는 것이다. 우수한 직원에게는 그에 맞는 일을 적절히 안배해 시켜야 최고의 결과를 낼 수 있다. 일을 잘한다고 무작정 이 일 저일 시키기만 한다면, 한두 해는 잘 버틸지 몰라도 금방 탈이 나게 된다. 또 다른 이점은 역량이 부족한 직원들의 참여를 이끌고 성장시킬 수 있다는 점이다. 상사의 개별적 지시를 따르며 '나도 조직에 뭔가 기여를 하고 있구나' 하는 생각을 하게 만들 수 있고, 업무를 진행하면서 많은 것을 배울 수도 있다. 사실 조직에서 업무 역량을 키우는 지름길은 실제로 업무를 하는 것이다. 책을 읽거나 교육을 통해 배우는 건 어느 정도 한계가 있다. 많은 노하우를 가진 선배나 리더의 지시사항을 수행하며 배우는 것이 그만큼 많다는 뜻이다.

Q

자꾸 한 방으로 결과를 내려는 직원은 어떻게 해야 할까?

영업조직을 맡아 운영을 하다보면 항상 드는 고민이 있습니다. 결국 '숫자'로 평가가 되기 마련인데, "평가 시점까지는 어떻게든 실적을 채울 수 있습니다, 기다려주세요"라고 자신 있게 말하는 직원을 어떻게 대해야 하는가입니다. 시시콜콜 간섭하자니 리더가 아랫사람을 못 믿는 것 같고, 그냥 손 놓고 기다리자니 제대로 결과를 낼 수 있을까 걱정이 되고… 이러지도 저러지도 못하는 상황입니다.

A

목표는 결과지표와 함께 선행지표가 구성돼야 한다

근거 없이 자신감만 가지고 목표 실적을 이룰 수 있다고 호언장담하는 직원. 말한 대로 실적을 달성해주면 정말 고맙다. 하지만 이러한 약속은 물거품이 되는 경우가 많다. 그런데 달성하기로 한 목표를 이루지 못했을 때 당사자는 '어떤' 책임을 질 수 있을까? 사실 대부분은 '아무런' 책임도 지지 못한다.

이러한 문제를 막기 위해 필요한 것이 균형성과평가 Balanced ScoreCard, 즉 BSC다. '매출액'이나 '영업이익률' 같은 성과의 최종 결과물을 확인하기 위한 결과지표뿐만 아니라 이를 이루기 위해 갖춰져야 하는 선행지표를 함께 고민하기 위한 방식이다.

가장 중요한 것은 역시 기업의 '재무적 지표'다. 결국 기업은 이윤을 남겨야 하기 때문이다. 하지만 재무 지표만 추구해서는 안 된다. 재무 지표 달성을 위해서는 자사의 제품 혹은 서비스를 구매하는 고객이 중요하다. 즉 고객의 만족도를 높이려는 노력이 선행돼야 재무 지표가 달성된다는 뜻이다. 그래서 '고객만족도'를 높이기 위한 지표 관리가 필요하다.

그럼, 고객만족은 언제 달성될까? 매번 똑같은 가치를 주는 제품 혹은 서비스를 또 이용할 사람은 많지 않다. 작은 변화라도 항상 새로운 시도를 하는 기업에 사람들은 더 많은 관심을 갖는다. 같은 제품이라면 100원이라도 가격을 낮추는 회사, 동일한 서비스를 제공한다면 이용에 소모되는 시간을 1분이라도 줄여주는 곳에 박수를 보내며 재이용하게 된다. 결국 '프로세스 개선' 같은 지표가 필요하다.

그런데 프로세스 개선은 언제 이뤄지는가? 기업의 변화는 구성원들이 더 나은 지식을 갖고서 이를 업무에 적용하려 할 때 시작된다. 결국 구성원의 '학습과 성장'이라는 지표가 중요하다는 의미다. 모든 것은 투입input이 있어야 결과output가 있는 법이다. 구성원들을 계속 쥐어짜기만 하면서 더 나은 실적, 더 높은 성과를 바라는 건 욕심일 뿐이다.

결국 목표 항목은 학습과 성장 목표, 프로세스 개선 목표, 고객만족 목표, 재무적 목표 등 4단계를 골고루 포함해 관리해야만 한다. 그리고 이럴 때 균형 있는 성장이 가능해진다.

"월말에 매출 실적으로 보여드릴 테니 걱정 마세요!"라고 외치는 직원에게 물어보자. 고객만족도를 높이기 위해 뭘 하고 있는지, 이를 위해 어떤 프로세스 개선 노

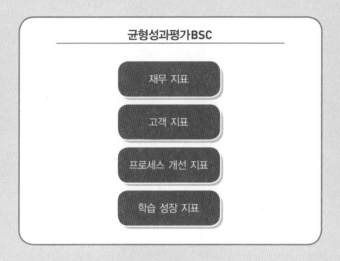

균형성과평가BSC

재무 지표

고객 지표

프로세스 개선 지표

학습 성장 지표

력을 할 것인지, 그리고 어떤 부분의 학습을 하고 있는
지. 이 질문에 명확하게 대답할 수 있다면 그 직원은 믿
고 기다려줘도 된다. 하지만 그렇지 않다면? 책임은 결
국 리더의 몫이니 그대로 둬서는 안 된다.

많은 리더들이 '어떤 지표를 목표로 잡아야 하는지'
고민을 한다. 특히 선행지표 선정에 어려움을 이야기
한다. 다음의 그림은 다양한 선행지표의 예시다. 1사분
면은 양적 측정이 가능하며 결과로 나타나는 것으로,
우리가 흔히 생각할 수 있는 목표다. 그 아래 4사분면

선행지표 예시|

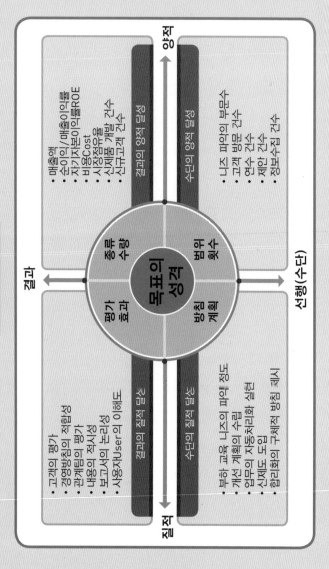

결과   선행(수단)

양적

- 매출액
- 순이익/매출이익률
- 자기자본이익률ROE
- 비용Cost
- 시장점유율
- 신제품 개발 건수
- 신규고객 건수

결과의 양적 달성

- 니즈 파악의 부문수
- 고객 방문 건수
- 연수 건수
- 제안 건수
- 정보수집 건수

수단의 양적 달성

종류·수량 **범위·횟수**

목표의 성격

평가·효과 **방침·계획**

- 고객의 평가
- 경영방침의 적합성
- 관계팀의 평가
- 내용의 적시성
- 보고서의 논리성
- 사용자User의 이해도

결과의 질적 달성

- 부하 교육 니즈의 파악 정도
- 개선 계획의 수립
- 업무의 자동처리화 실현
- 신제도 도입
- 합리화의 구체적 방침 제시

수단의 질적 달성

질적

은 그것을 이루기 위한 선행지표들이다. 매출액을 올리기 위해 고객 방문을 몇 건이나 했는지, 제안은 얼마나 더 늘었는지 등을 확인해야 한다는 의미다. 한편 2사분면은 '정량적 지표가 없는 부서'에서 가지고 갈 수 있는 결과지표들이다. 보고서를 평가할 때 얼마나 논리적으로 구성했는지, 시의성은 있는지 등을 질적 평가 항목으로 생각해야 한다는 것이다. 3사분면의 내용은 그것을 이루기 위해 필요한 방침이나 계획에 해당한다. 목표 수립 단계에서 이러한 선행지표를 함께 고려할 때 완성도 있는 목표가 나올 수 있다.

Q ——————

목표의 적정 개수? 그리고 중요한 목표를 정하는 기준은 무엇일까?

연초에 구성원들에게 목표를 세워 오라고 지시를 합니다. 어떤 직원은 딸랑 한두 개 써 오는가 하면, 어떤 직원은 열 개가 넘는 계획을 제출하기도 합니다. 목표가 너무 많아지면 안 될 것 같은데… 목표의 적정 개수 기준이 있나요? 그리고 만약 구성원들이 세운 목표가 다 필요하다고 생각된다면, 그럴 때는 어떤 기준으로 목표치를 정하는 게 좋을까요?

A ——————

핵신관리가 가능한 목표는 5개 내외, 그리고 투자 대비 효율성을 감안해 주요 목표 우선순위 정하기

KPI는 소수의 핵심성과지표를 다룬다. 관리지표가 너무 많으면 정작 중요한 목표지표를 소홀히 할 수도 있다. 의욕이 과하면 결국 이루고자 하는 본질을 놓칠 수 있는 법이다. 그래서 (물론 업종과 직무에 따라서 차이는 있지만) 비교적 반복적이고 효율성을 추구하는 업무의 경우 적정 목표는 5개 내외, 창의적인 업무를 하는 경우는 5개+α인 7개 내외가 적당하다. 즉 조직원 개인의 목표로는 5~8개의 KPI를 권한다.

만약 제시된 목표가 너무 많다고 생각될 때는 선별 작업이 필요하다. 기업은 투자 대비 효율성return on investment(ROI)을 중요시하는 집단이기 때문이다. 그래서 조직에서 목표 우선순위를 정할 때는 반드시 '비용/시간 투입 대비 효율성'을 따져야 한다.

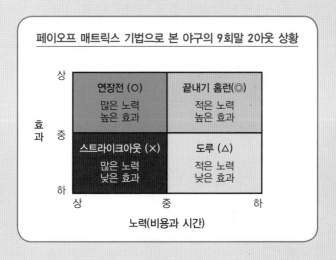

페이오프 매트릭스 기법으로 본 야구의 9회말 2아웃 상황

	상	연장전 (○) 많은 노력 높은 효과	끝내기 홈런(◎) 적은 노력 높은 효과
효과	중		
	하	스트라이크아웃 (×) 많은 노력 낮은 효과	도루 (△) 적은 노력 낮은 효과
		상 중 하	

노력(비용과 시간)

그래서 앞의 페이오프 매트릭스Payoff Matrix는 노력과 효과를 고려해 문제해결의 우선순위를 결정할 때 유용한 기법이다. 축은 간단하다. 얼마나 많은 노력이 들어가는가, 그리고 얼마나 효과, 즉 성과를 낼 수 있는가. 표를 참조해 우리의 목표들 중 ROI가 가장 높은 것이 우선순위가 돼야 한다.

설득하지 말고 납득하게 하라

Q

항상 열심히 했다고는 하는데 성과가 나지 않는 직원은 어떻게 해야 할까?

참 안타까운 일인데… 정말 열심히 일을 하는 직원이 있습니다. 하지만 막상 갖고 온 결과물을 보면 '이거 하느라 이렇게 시간을 썼나?' 싶을 때가 많아요. 자기 딴에는 열심히 한다고 하니 뭐라고 하기도 그렇고… 이럴 땐 어떻게 해야 하나요?

A

갈등을 막고 성과의 집중을 이끄는 양식, 일자리를 지켜라 'Keep Your Job'

비즈니스의 목적은 열심히 일하는 것이 아니다. 열심히 일하는 것이 성과 창출을 위한 중요한 수단은 맞지만 그것이 전부는 아니라는 의미다. '열심히' 하는 것보다 더 중요한 것은, '무엇'을 열심히 하느냐는 것이다. 무엇을 해야 할지를 제대로 파악하려면 상사의 의중을 알아차려야 한다. 비즈니스맨의 성과는 결국 직속상사의 성과에 기여하는 정도로 평가되기 때문이다. 그리고 상사의 기대치를 알고 그것에 집중했을 때 나오는 결과치가 바로 조직의 성과다. 그러므로 일을 시작하기 전 상사가 직원에게 기대하는 바를 명확히 알리는 것이 중요하다. 그래야 나중에 엉뚱한 소리를 막을 수 있다. 그리고 상사가 원하는 방향으로 업무 집중을 이끄는 데도 좋다.

글로벌 기업들은 새로운 해나 새로운 반기가 시작될 때, 'Keep Your Job'이라는 양식을 활용해 상사의 의도와 구성원들의 우선순위를 명확히 정리하는 면담을 갖는다. 이 단순한 과정이 일 년이나 반년 동안 힘의 낭비를 막고 성과에 집중하는 문화를 만들기 때문이다.

많은 조직 리더와 구성원을 대상으로 이런 면담을 진행해보면, 양쪽이 절반 이상 같은 답을 쓰는 조직이 많지 않다. 이는 누구의 잘못도 아니다. 모두 자기 자리에서는 최선을 다해 일을 하고 있을 테니까. 중요한 건 최선의 '방향'을 하나로 엮어내는 것이다. 그랬을 때 "저는 A 업무에 최선을 다했는데, B 업무 못했다고 좋은 평

Keep Your Job

상사가 생각하는
구성원이 해야 할
가장 중요한 일 5가지

_____

_____

_____

_____

_____

구성원이
스스로 생각하는
가장 중요한 일 5가지

_____

_____

_____

_____

_____

가를 못 받는 건 이해할 수 없습니다" 같은 불평은 나오지 않을 것이다.

여기서 잠깐! 왜 이 양식의 이름이 'Keep Your Job'인지 궁금하지 않은가? 미국 몇몇 기업에서는 리더가 작성한 내용과 조직원이 작성한 내용이 정해진 비율 이상 다를 때, 그 조직원을 해고하는 경우도 있다고 한다. 이름 그대로 활용해 일자리를 지킬 수 있을지를 판가름하는 셈이다. 무섭다고? 조직에서 자신에게 바라는 역할을 충실히 파악하는 것만큼 중요한 게 없다는 정도로 받아들이자.

당신이 리더라면, 최소 6개월마다 한 번씩 조직원들과 이 작업을 진행해보자. 당신은 북쪽으로 배를 몰아가는데, 조직원은 돕는다고 남쪽으로 노를 젓는 불상사를 막을 수 있다.

2장

DO 중간 피드백

변화를 이끄는 중간 피드백의 비밀

피드백을
방해하는
요소들

관찰의
중요성

후배직원을 한 명만 떠올려보라. 당신과 가장 친하게 지내는 직원 한 명! 그 직원에 대해 몇 가지 질문을 해보겠다.

첫 번째, 그 직원이 어느 동네에 살고 있나? 두 번째,

그 직원에게 가족이 몇 명인지, 혹은 아이가 몇 명인지 알고 있는가? 세 번째, 직원의 집이 자가인가, 전세인가? 점점 어려워진다. 다음 네 번째, 해당 직원이 업무 외에 취미생활로 무엇을 가장 좋아하는지도 아는가? 포기하지 말고 마지막 다섯 번째, 지금 사귀는 사람이 있는지, 혹은 연애결혼을 했는지 중매결혼을 했는지 이야기를 들은 적이 있는가? 자, 이 다섯 가지 모두 자신 있게 답을 할 수 있는가?

성과관리 이야기를 하다 말고 갑자기 '부서원 신상 털기'를 하는 이유가 뭐냐고? 리더에게 꼭 필요한 자질이 이와 연관돼 있기 때문이다. 바로 '관찰'이다. 구성원이 '어떤 사람이고 어떻게 일하는지' 충분한 관찰이 이뤄져야만 제대로 된 리더십을 발휘할 수 있다.

무슨 말인지 잘 모르겠다고? 이번엔 좀 더 성과관리와 연결되는 질문을 해보자.

당신이 가장 잘 알고 있다고 생각하는 부서원 한 명을 떠올려보라. 그 직원의 장점과 단점을 각각 다섯 가지 이상 쓸 수 있는가? 단, 조건이 있다. 부서원이 했던 '구체적인 행동'과 함께 써야 한다. 이 질문에 자신 있게 펜을 들고 써내려가지 못한다면, 당신의 관찰은 위험하다는 뜻이다.

예를 들어보자. 어떤 리더가 관찰을 통해 '이 대리는 업무 진행이 너무 느리다'는 판단을 했다. 자, 이것이 진짜 관찰일까? 아니다. 이건 '추론'이다. 상대의 행동으로 미루어 생각한 나의 주관적 판단이라는 뜻이다. 관찰과 추론은 다르다. 관찰은 '이 대리는 월말결산 보고서를 지난 3개월간 매번 마감일 3~4일 후에 제출했다'는 것이다. 이런 관찰은 후배직원의 행동에 관심을 갖고 주의 깊게 볼 때만 가능하다. 하지만 많은 리더들은 자신이 알고 있는 하나의 사실만 가지고 전체를 판단하는 실수를 자주 범한다.

관찰 결과가 아닌 추론한 내용으로 일을 지시하다보면, 예상치 못한 장애물을 만나게 된다. 예를 들면 이런 식이다. 팀장은 박 대리에게 해외 문헌 조사, 외국 업체 정보 수집을 자꾸 지시한다. 팀장의 머릿속에 '박 대리는 영문과를 나왔으니까'라는 생각이 있기 때문이다. 하지만 사실 박 대리의 비즈니스 어학능력은 평균 이하다. 최근 회사에서 실시한 어학 등급 시험에서도 평균 등급에 겨우 턱걸이를 한 수준이다. 그런데 박 대리에게 계속 해외관련 업무를 맡기면 어떻게 될까? 둘 중 하나다. 박 대리가 지쳐 나가떨어지거나, 팀장이 속병 나서 쓰러지거나. 모두에게 불행한 결과다.

그래서 리더의 정확한 관찰이 중요하다. 관찰을 통해 개개인의 강점과 약점을 기록하고, 그들이 갖고 있는 업무역량을 정확히 파악해야 한다. 이를 위해서는 리더의 의도적 노력이 필요하다. 그래서 리더의 이런 노력을 도와줄 수 있는 도구로 관찰일지를 소개한다.

예시로 작성된 것처럼, 관찰일지에는 최대한 구체적으로 '사실'만을 기록해야 한다. 그리고 이에 대한 리더의 피드백 내용도 정리해두는 것이 좋다. 이런 관찰 데이터가 제대로 쌓였을 때 리더가 부서원을 알고 있다고 자신 있게 말할 수 있게 될 것이다.

관찰일지

• 부서원 성명:

날짜	분야	관찰내용	강·약점 분석	개선·발전방향 피드백
'20.7.15	업무 추진	• 2/4분기 보고서 작성 시 기한보다 3일 빨리 보고함 데이터가 정확하여 수정·보완 없이 통과됨	강점	-보고서에 대한 인정 피드백 -보고서 팀 내 공유 지시 -정기적 분기 보고서 작성 지시
'20.7.18	태도 자세	• 최근 1개월간 8회 이근함 업무량이 많다고 생각되어 이 점을 체크하여 면담 진행	약점	-업무 프로세스 점검 실시 -필요시 팀 내 업무 분장 고려 -스피디한 일처리를 통한 불필요한 이근 방지 당부
'20.7.24	역량 개발	• 7월 초 외부 글로벌 업체와 협의 미팅 시 통기인 김 대리에 비해 파트너와 의 사소통 부족, 어학 등급 확인 결과 영어 4급 수준	약점	-회사 영어 동아리 권유 -과장 승격 시, 가점부문 강조 -주체원에 대한 비전 상기
'20.7.31	기타 (애로사항)	• 모친께서 심한 당뇨로 00병원 입원 중 (7.25~)	.	-어머님, 건강 관련 면담할 것

기억하자. 보는 것은 쉽다. 하지만 관찰은 어렵다. 어려운 일을 해야만 하는 사람, 그래서 리더가 힘들고 또 그만큼 중요하다.

TIP

팀원들을 관찰하고 면담할 여건이 되지 않는다면?

예전 상사들이야 신문 볼 시간도 있고 팀원들과 이야기를 나눌 여건이 됐지만, 지금 기업에서는 실무형 리더를 원하니 그럴 수가 없다. 업무를 처리하기도 바쁜 상황에 시간을 쪼개 출장도 다녀야 한다. 팀 인원이 많지 않아도 관찰과 면담에 시간을 쓸 여유가 없다.

그런데 GE의 전설적 경영자 잭 웰치Jack Welch와 당신 중 누가 더 바쁘다고 생각하는가? 잭 웰치는 살인적인 일정 중에도 업무시간의 3분의 1을 직원들을 위해 일부러 남겨두었던 걸로 유명하다. 왜? 그것이 리더의 본업이자 본분이라 생각했기 때문이다.

리더는 '남을 통해' 성과를 창출해야 하는 운명을 지니고 있다. 본인 혼자만의 힘으로 어떻게든 성과를 내려고 하면 더 큰 어려움에 빠질 수 있다. 그래서 의도적으로 직원들을 위한 시간을 내야 한다.

하지만 관리해야 하는 인원이 많거나 근무공간의 분리 등으로 지속적인 관찰, 면담이 어려울 때는 어떻게 해야 할까? 이럴 땐 과감한 권한위임이 필요하다. 리더 본인이 할 수 없는 영역에 대해서는 중간리더에게 충분히 도움을 요청하라는 의미다.

여기에는 두 가지 전제가 갖춰져 있어야 한다. 하나는 관찰이나 면담 시에 지켜야 할 원칙과 기준, 방법 등을 충분히 설명해주는 것이다. 가능하면 리더가 활용하는 도구나 양식 등을 제시하며 '같은 관점'에서 보도록 하는 게 좋다. "알아서 코칭 좀 하고 알려줘"라고 하는 건 일을 그냥 떠넘기는 것과 마찬가지다. 두 번째는 면담 과정은 위임을 하더라도 면담으로 알아낸 결과에 대한 책임은 리더 본인이 져야 한다는 사실이다. 중간리더를 통해 제기된 업무 분장 요구 혹은 평가 결과에 대한 불만 등을 해결하는 것은 리더의 몫이다. 코칭을 대신해준 중간관리자는 이러한 상황을 충실히 전달해주는 '메신저' 역할일 뿐이다. 이들에게 책임까지 떠넘길 생각이라면, 리더의 자리까지 물려주는 게 낫다.

선입견에서
벗어나라

관찰의 중요성을 강조하면 꼭 딴죽을 거는 사람들이 있다. "굳이 관찰하지 않아도 난 다 아는데." 만약 우리가 기계라면 그럴 수 있다. 입력한 대로 출력되는 시스템이라면 말이다. 하지만 우리는 다 사람이다. A가 입력되었을 때 어떤 때는 A라는 결과가 나오지만 어떤 경우엔 B, C라는 결과가 나오기도 한다. 우리는 '불원진한' 뇌의 지배를 받고 있어서다. 증거가 뭐냐고? 두 가지 심리학적 근거가 있다. 우선 첫 번째 근거.

당신에게 두 아이가 있다. 공부 잘하는 아주 착한 딸

과 말썽꾸러기 아들.

어느 날 당신이 딸아이를 데리고 마트에 간다. 착한 딸이 마트에 있는 물건들이 신기한지 이것저것 만진다. 이 모습을 보고 당신은 사람들에게 뭐라고 이야기할까?

"아이가 참 호기심이 많아요, 관찰력도 좋고."

어느 날은 말썽꾸러기 아들을 데리고 마트에 간다. 아들 녀석도 이것저것 만져보기 바쁘다. 이 모습을 본 당신은 화를 내고 만다.

"얌전히 좀 있어! 아주 산만해 죽겠어!"

또 다른 상황을 보자. 마케팅 팀장인 당신. 어느 날 당신 팀의 핵심 인재가 찾아와 말한다.

"팀장님, 제가 계획하고 있는 프로모션을 진행하려다 보니 지원금이 좀 필요합니다. 승인 부탁드릴게요."

이 말을 들은 당신은 그 직원을 기특해한다. 항상 아이디어가 넘치더니, 또 한 건 하려나 싶어 서둘러 결재를 해준다.

다음 날, 당신 팀의 애물단지 같은 직원이 찾아와 이

야기한다.

"팀장님, 진행 중인 프로모션에 예산이 좀 부족한데요…."

"자네는 돈으로 일하나? 고민을 좀 더 해봐! 무조건 예산만 달라고 하지 말고!"

부서원의 요청이 끝나기도 전에 끼어들어 말을 잘라버린다. "돈 쓰고 안 되는 게 어디 있냐"며 면박을 주고 돌려보낸다.

두 가지 에피소드의 공통점이 뭔가? 자녀들이 마트에서 뭔가를 만진 것, 직원들이 성과를 내기 위해 추가 지원금을 요청한 것, 행동은 하나다. 하지만 그 행동에 대해 두 가지 상반된 반응이 나왔다. 이유는? 대상에 대해 내가 가진 고정관념이 있어서다. 그리고 그것이 판단에 영향을 미친다. 이것이 바로 '후광효과halo effect'다. 사랑으로 품어주는 부모도 선입견에 따라 행동을 하게 되는데 조직에서는 오죽하겠는가. 학력이나 이력, 다른 구성원들 사이에 떠도는 소문 등 판단에 영향을 주는 요소는

셀 수 없이 많다. 그리고 이것들이 쌓여 그 사람에 대한 평가가 왜곡될 수 있는 것이다. 이를 막기 위해 필요한 게 바로 관찰이다.

행위자–관찰자 편향을 극복하라

상사와 부하직원이 회의를 하기로 했다. 정해둔 미팅 시간으로부터 5분이 지났다. 그런데 부하직원이 아직 오지 않고 있다. 상사는 슬슬 화가 나려는데, 헐레벌떡 뛰어 들어오는 직원.

부하 : 죄송합니다, 죄송합니다.

상사 : 지금 몇 시야? 늘 이런 식이야?

부하 : 차가 너무 막혀서….

상사 : 또 핑계! 일찍 나와봐, 차 막히나! 하여튼 기본이 안 돼 있어, 기본이!

할 말이 없는 부하직원은 고개를 푹 숙인다. 경직된 분위기에서 미팅이 시작된다. 어떤가? 우리 조직에서 흔히 보이는 모습이라고?

그럼, 이런 상황은 어떤가? 미팅 시간이 5분, 아니 10분 넘게 지났다. 그런데 오기로 한 상사가 아직 보이지 않는다. 부하직원으로서는 슬슬 기다림에 지쳐가는 찰나, 미소를 띠며 상사가 들어온다.

상사 : 아이고, 미안미안. 오래 기다렸나?

부하 : 아, 아닙니다.

상사 : 아, 이거 차가 왜 이렇게 막혀? 공사는 뭐 이렇게 많이 하고.

부하 : 그렇죠? 고가 철거도 많고.

상사 : 그러니까 말이야. 서울은 사람 살 곳이 아니야.

자연스러운 상사의 태도와 함께 미팅이 시작된다.

어떤가? 두 상황은 똑같다. 미팅에 누군가 지각을 했다. 행동은 동일하지만 분위기는 정반대다. 바로 리더의 태도 때문이다. 이런 리더의 행동을 심리학에선 '행위자-관찰자 편향actor-observer effect'으로 설명한다. 인간 판단력의 불완전성을 뒷받침하는 두 번째 근거다. 사람들이 본인의 행동을 설명할 때는 그 원인을 주로 상황적 요인에서 찾는데, 다른 사람의 행동에 대해서는 행위자의 내적, 즉 기질적 요인으로 설명하는 경향을 말한다.

앞의 사례에서 리더는 자신의 지각을 엉망인 서울의 교통 상황 탓으로 돌렸다. 즉 어쩔 수 없는 '상황' 탓에 늦을 수밖에 없었다며 자신의 행동을 합리화한다. 반대로 구성원의 지각은 게으름 때문이라고 말했다. 즉 상대방의 '기질'이 지각의 원인이라고 비난한 것이다. 이는 스스로를 보호하려는 인간의 본능 때문이다. 그래서 자신의 실수에 대해선 '변호사'가 돼서 철저히 감싸려 하고, 남의 작은 실수에 대해선 '검사' 같은 태도로 먼지 하나까지 털어내려 하는 것이다.

하지만 진짜 리더가 되려면, 그래서 구성원에게 제대로 된 피드백을 주려면, 이와 같은 행위자-관찰자 편향에서 벗어나려는 노력을 해야만 한다. 그래야 구성원의 장단점을 제대로 볼 수 있고, 정확한 피드백을 줄 수 있을 것이다.

효과적인 피드백을 위한 질문

피드백에 대해 사람들은 '일방적'인 것이라 생각한다. 하지만 진짜 효과, 즉 피드백을 듣는 사람의 행동 변화를 이끌어내려면 '쌍방향' 대화를 하는 게 중요하다. 그리고 이를 위해 필요한 게 리더의 질문이다.

단순히 피드백 대상의 입을 여는 것이 질문의 목적은 아니다. 질문에는 우리가 생각지 못했던 큰 힘이 있다. 받은 질문에 대한 대답을 하기 위해 고민을 하게 되고, 그 생각을 말하는 과정에서 스스로가 내뱉은 말에 대한 책임을 느끼게 된다. 또한 본인이 생각하고 말로 표현했기 때문에 스스로 납득하기도 쉬워진다. 리더 혼자서 입 아프게 떠들지 않고 제대로 된 질문만 던져도 피드백이 잘될 수 있는 것이다.

그럼 어떤 질문이 좋을까? 대표적인 두 가지 질문영역을 소개한다.

첫 번째, 기여도에 대한 질문이다. '최근에 조직을 위해 무엇을 했는가?' 같은 것이다. 이를 통해 업무를 진행하면서 성취한 것을 말하게 하고, 실망스러웠던 점이 있다면 공유하는 것도 중요하다. 리더는 구성원 스스로 잘했다고 여기는 영역을 파악할 수 있는데 이에 대해서는 긍정적 피드백을 해주면 된다. 실망스러운 부분이 있었다면 앞으로 어떻게 개선할지 논의해볼 수 있다.

두 번째는 능력의 향상도에 대한 질문이다. '최근에 자신을 위해 무엇을 했는가?' 같은 질문을 해볼 수 있다. 이를 통해 리더는 구성원이 어떻게 성장하고 있는지, 성장하기 위해 어떤 노력을 하고 있는지 파악할 수 있다.

그리 거창한 질문이 아니라 실망스러운가? 그럴 수 있다. 굳이 묻지 않아도 리더가 이미 다 아는 내용일 수도 있다. 하지만 중요한 건 '무엇'을 말하느냐가 아니다. 질문은 피드백이 목표로 하는 구체적인 '행동'을 이끌어내기 위한 장치 역할만 하면 충분하다.

행동을
변화시키는
피드백

솔직한 피드백이
리더의 진짜 역할

간단한 퀴즈부터 풀어보자.

'이것'이 없었다면 패션산업도, 미용산업도 발전하지 않았을 것이다. 이것은 무엇일까?

답은 '거울'이다. 상상해보자. 거울이 없다면 우리는

모두 자신을 세상 최고의 멋쟁이라고 착각하며 살아가기 쉽다. 내 패션감각이, 내 헤어스타일이 형편없다는 사실을 인지할 방법이 없기 때문이다. 업무실력도 마찬가지다. 각자 나름대로는 직장에서 주어진 일을 열심히 한다. 스스로 '이 정도면 됐다', '이게 최선'이라고 착각하기 쉽다. 이때 필요한 게 직장 리더의 피드백이다. 일이 제대로 된 건지 아닌지, 회사에서 기대하는 수준이 맞는지 아닌지를 거울처럼 비춰줘야 한다는 의미다.

GE 전 회장 잭 월치가 강조한 피드백의 철칙이 있다. 절대적 솔직함candor! 껄끄럽거나 불편하더라도 '이 악물고' 솔직해져야 한다는 이야기다. 만약 거울이 있는 그대로를 비춰주지 않고 거울 앞에 선 사람의 기분을 맞추기 위해 왜곡된 모습을 보여준다면, 이런 거울을 보는 사람이 멋쟁이가 될 가능성은 희박하다. 누구에게나 솔직하고 일관된, 공정한 거울이 필요한 이유다.

성과관리 워크숍을 진행하다보면, 많은 리더가 솔직한 태도를 참 어려워한다는 걸 발견할 수 있다. 강의 도

중 리더와 부서원 역할로 나눠 롤플레잉을 해보면 이런 문제가 제대로 드러난다.

리더 역할을 맡은 사람에겐 다음과 같은 정보를 준다. '부서원의 태도에 많은 문제를 느끼고 있다. 이 때문에 다른 구성원들도 피해를 입는 것 같아 걱정이 많다. 태도 개선이 되지 않으면 다른 부서로의 이동 배치를 건의할 생각도 하고 있다.' 하지만 부서원은 이런 상황을 전혀 모른다. 열심히 일을 하고 있으니 아무 문제 없으리라 믿고 있다.

이런 상황을 주고 일대일 면담을 시킨 뒤, 부서원 역할을 한 사람에게 묻는다. "상사가 당신에 대해 어느 정도 만족하고 있는 것 같은가?" 부서원 역할을 맡은 사람들의 답이 충격적이다. 절반 이상이 "보통 이상"이라고 응답하기 때문이다. 심지어 "아주 만족하는 것 같다"라고 믿는 사람도 나온다. 상사는 분명 '부서 이동'이라는 극약처방까지 생각하고 있는데 말이다.

이런 문제가 생기는 이유가 바로 솔직하지 못해서다. 성과에 대한 피드백을 할 땐 솔직하게 털어놓는 게 가장 좋은 방법이다. 처음에는 어색해도 일단 솔직하게 해놓아야 뒤에 문제가 줄어든다. 앞에서 불편하다고 피하다 보면 하지 못한 말이 계속 쌓이게 되고, 이 때문에 구성원은 자신에 대해 터무니없이 긍정적 해석을 하는 문제도 생긴다.

TIP

좋은 관계가 깨질까봐 직원을 질책하는 게 부담스럽다?

누구나 상사에 대한 나쁜 기억이 있을 것이다. 작은 실수에도 불같이 화를 내는 상사, 거친 말로 인격적 모욕감을 느끼게 하는 상사… 리더가 이른바 '군기'를 잡겠다는 생각으로 부하직원을 질책하는 경우다. 하지만 이 방식이 큰 효과를 발휘하는 경우는 별로 보진 못했다. 오히려 엄한 질책이 조직원의 도전의욕을 꺾고, 실수를 숨기기 위한 거짓 보고 습관을 유발하는 등 악영향이 생기는 경우가 많다.

자신은 그런 상사가 되지 않으려고 애쓰는 리더들은 팀원들과 편한 관계를 이어가야 일할 때 분위기도 좋아진다고 믿고, 가급적이면 껄끄러운 이야기는 피하려 한다. 자연히 꾸중을 하거나 나쁜 피드백을 하는 것은 부담스럽다.

이런 문제는 질책의 본질에 대해 잘못 생각하고 있기 때문이다. 구성원을 꾸짖는 이유가 뭘까? 짜증이 나서? 그 사람이 싫어서? 아니다. 질책의 본질은 '바로잡는' 것이다. '정보를 주는' 것이다. 업무과정에서 무엇이 부족했으며, 그로 인해 어떤 문제가 생겼는지에 대해 알려주는 게 질책의 핵심이다. 앞으로 무엇을 보완하고 어떤 점을 노력할지 스스로 깨닫도록 하는 게 가장 중요하다.

질책의 효과를 높이기 위한 한 가지 팁이 있다. 꾸중하면서 상대에 대한 '기대치'를 함께 언급하는 것이다. 예를 들면 "자네답지 않게 이게 무슨 행동인가?" 같은 말을 하며 질책을 하는 것이다. '자네답지 않다'는 말에는 상대에 대한 기대치와 평소의 믿음이 담겨 있다. 이런 화법을 들은 상대는 상사의 꾸지람에 대한 반발이 생기기 전에 오히려 '기대에 미치지 못했구나' 하고 부족함을 반성하고 미안함을 느낄수도 있다. 기대치를 내보이면서 질책하는 것, 작은 팁이지만 꼭 실행해보자.

판단하지 말고
내 감정을 설명하라

그렇다고, '무식하게' 솔직하기만 해서는 안 된다. 내용만큼 표현도 중요하다. 예를 들어보자. 딸의 귀가시간이 점점 늦어진다. 기다리다 지친 부모가 아이를 보자마자 쏘아붙인다.

"너 왜 이렇게 늦었어!"

"친구들이랑 놀다보니까…."

"너 전화는 왜 또 안 돼?"

"배터리 다 됐단 말이야."

"네 친구들은 핸드폰 없어? 손가락 부러졌어?"

자, 부모자식 간의 갈등. 일차적인 책임이 누구한테 있을까? 늦게 귀가한 아이? 원인 제공을 했을 순 있다. 하지만 갈등이 커지게 만든 진짜 원인은 부모에게서 찾아야 한다. 왜? 부모의 말이 아이의 뇌를 계속 부정적으로 자극하고 있기 때문이다. 바로 '너 대화법you-message'을 통해서. 대화를 할 때 "너는", "네가"라는 주어로 잘못을 지적받는 순간 우리의 뇌는 긴장하게 된다. 이런 상태에서 부모가 원하는 답, 즉 "앞으로는 일찍 다닐게요"라는 말을 기대하긴 힘들다. 이런 표현을 '판단 화법'이라고 말한다. 상대의 행동이 옳은지 그른지 재판관의 언어로 판단을 한다는 의미다.

그럼 어떤 화법이 필요할까? 상대의 행동을 바꾸려 한다면 주어가 '나'인 '나 대화법I-message'이 필요하다. 상대의 구체적인 행동, 그로 인해 내가 느끼는 감정을 설명하고, 나의 의도를 제시하는 말하기 방식이다. 앞서 본 자녀와의 문제 상황에서는 이렇게 말할 수 있다.

"나는 네가 12시가 다 돼서야 들어오니 부모로서 걱정이 돼(감정). 세상이 너무 무서워서 그러는 거니까, 앞으로는 미리 연락을 해줬으면 좋겠어(의도)."

어떤가? 이 표현에는 어떤 거짓, 꾸밈도 없다. 부모 입장에서 아이가 일찍 집에 들어오기를 바라는 건 아이에게 어떤 사고가 생길까봐 걱정이 돼서다. 상대방의 잘못을 지적하기보다 내 생각을 상대방에게 알리는 게 나 대화법이다. 이를 '감정설명 화법'이라고도 말한다.

성과에 대해 구성원에게 피드백을 할 때도 마찬가지다. 많은 리더가 상대를 탓하는 피드백에 그치는 실수를 저지른다. "자네는 그렇게 이기적으로 행동하는 게 문제야" 하는 식의 질책. 그리고 뒤에 꼭 이런 말이 붙는다. "다 자네 잘되길 바라는 마음에서 하는 이야기니까 너무 섭섭해하지 말고." 하지만 섭섭함을 느낄지 말지는 구성원의 몫이다. 그리고 정말 구성원이 잘되길 바란다면, 그런 마음을 제대로 표현해줘야 한다.

구체적인 예로 감정설명 화법을 연습해보자. 구성원이 제출한 보고서의 내용이 마음에 들지 않는다. 문제 나열만 있을 뿐 이렇다 할 해결책은 보이지 않는다.

"김 과장, 어제 제출한 보고서를 검토해보니 고민한 흔적이 부족해. 자네, 대충 일하는 거 같아. 그래서 인정받을 수 있겠어?"

이 말은 피드백이 아니다. 김 과장에 대한 리더의 판단이다. 전형적인 너 대화법이다. 그렇다면 감정설명 화법을 활용한 피드백은?

"어제 제출한 보고서를 보니 문제에 대한 해결책이 빠

져 있어(사실). 해결책을 기대한 내 입장에선 실망스러워(감정). 다음 보고서에선 두 가지 이상의 해결책을 제시했으면 좋겠네(대화의 의도)."

피드백의 목적은 단 하나, 상대의 생각을 자극해 행동을 변화시키는 것이다. 상대에 대한 판단의 언어는 오히려 역효과를 낳을 뿐이다.

TIP

확인되지 않은 사실에 대해 피드백하지 마라

"나는 잘 모르겠는데, 남들이 자네보고 뭐라고 하더라."
리더들이 자주 저지르는 나쁜 피드백 중 하나다. 남 탓을 하면서 비판을 하는 것이다. 이것이 나쁜 이유는 첫째, 직원이 이 말을 듣는 순간 반성보다는 '누가 나를 음해했지?' 하며 도리어 동료를 의심하게 되기 때문이다. 결국 팀워크에 문제를 일으킬 수도 있다. 둘째로는, 이야기를 들은 직원이 '그런 적이 없다'고 반박했을 때 리더가 대응할 말이 없기 때문이다. 보지 않은 것을 우길 수도 없고, 아니면 됐다고 마무리하려니 리더십에 상처를 입게 된다.

앞서 언급한 것처럼 리더의 피드백은 '거울'과 같아야 한다. 리더 본인이 보고 듣고 경험한 것만을 근거로 이야기하는 것이 진짜 피드백이다. 주변에서 특정 직원에 대해 문제 제기를 한다면, 섣불리 불러 질책을 하기보다 더 관심을 갖고 그 직원을 관찰해보라. 관찰 결과 리더가 보기에도 문제가 있다고 느낄 때, 그때 피드백을 해야 한다.

TIP

나쁜 태도에 대해 반복해서 피드백을 해야 하는 경우?

충분히 관찰하고 사실에 근거해 피드백을 해줬는데도 직원의 태도가 달라지지 않을 때는 어떻게 해야 할까? 잘못한 당사자는 아무런 고민이 없어 보이는데, 지켜보는 리더는 속이 탄다. 이런 직원에게는 어떤 식의 피드백이 필요할까?

리더의 잦은 지적에도 변화가 없는 경우, 원인은 다양할 수 있다. 어떻게 변화해야 할지 방법을 몰라서일 수도 있고, 리더의 피드백 내용 자체를 이해하지 못해서일 수도 있다. 아니면 리더의 부드러운 표현으로 인해 문제의 심각성을 못 느꼈는지도 모른다. 변화하지 않는 원인을 파악하는 것이 시작이다. 그리고 원인에 따라 다른 대응이 필요하다.

대안을 모른다면 변화를 위한 구체적인 실천 '방법'을 제시해야 한다. 리더가 무엇을 기대하는지 모르는 상황이라면 '좀 더 구체적인 지시'가 필요하다. 문제는 내용도 알고 방법도 알고 있으나 리더의 부드러운 표현으로 심각성을 못 느끼는 경우다. 이들에겐 보다 직설적인 화법이 필요하다. 직설적인 나 대화법을 사용할 시점이다. 하지만 직설적 표현이라 해도 반드시 나 대화법의 3단계를 지켜야 한다. 지각을 자주 하는 직원에게 피드백을 해야 하는 상황을 생각해보자.

1단계(사실언급), "내가 지각 관련해서 이미 두 번이나 이야기했지 않나. 그런데 아직 고쳐지지 않았군."

2단계(감정표현), "이럴 때 나는 무시당한다는 느낌이 들고, 모욕감까지 들어."

3단계(이유설명), "내가 이 말을 하는 이유는 혹시 이직이나

설득하지 말고 납득하게 하라

다른 계획이라도 있는지 알고 싶어서야. 솔직히 말해봐."

이러한 직설적인 화법은 상대에게 심각한 분위기를 느끼고 경각심을 갖도록 할 수 있다. 본인은 사소하다고 생각한 '지각' 문제가 '퇴사'까지도 연관될 수 있다는 강한 경고의 메시지를 전해주기 때문이다.

그러나 처음부터 이처럼 강한 직설적 표현은 피해야 한다. 두 사람을 보고 있는 많은 '다른 직원들의 시선'을 항상 염두에 둬야 하기 때문이다. 처음부터 강한 표현은 다른 직원들로 하여금 공감을 얻기 힘들다. 그러나 두 번 이상 온건하게 지적을 했는데도 안 고쳐졌을 때 사용하는 강하고 직설적인 표현은 '몇 번이나 좋게 이야기하셨는데… 나 같아도 화가 나겠네' 하고 공감을 일으킬 수 있다. 리더는 항상 자신에 대한 구성원들의 평판에 관심을 가져야 한다는 사실을 잊지 말자.

만병통치
피드백은
없다?

성과 유형별로
다르게 접근하라

질문 하나. 몸이 아파 종합병원을 찾아온 환자가
있다. 여기엔 두 명의 의사가 있다. 한 명은 최신 의학지
식을 바탕으로 진료하는, 30대 후반의 젊은 의사다. 국
내 최고의 실력자로 유명하다. 그런데 환자들에게는 평

이 썩 좋진 않다. 그는 의사도 어차피 직장인이라며, '환자=돈'이라는 생각을 갖고 있다. 그러다보니 친절과는 담을 쌓고 지낸다. 다른 한 명은 60대의 베테랑 의사다. 아무래도 최신 의학지식은 부족하다. 하지만 환자를 '가족'이라고 생각한다. 얼토당토않은 걸 물어봐도 친절하게 알려준다. 이 의사에겐 오랜 경험이 자산이다. 당신이라면 둘 중 어떤 의사를 고르겠는가?

답하기 쉽지 않다. 이유는? 환자의 상태를 정확히 모르기 때문이다. 만약 잘 알려지지 않은 병이고 최신 기술을 활용한 수술이 필요하다면, 젊은 의사에게 가는 게 맞다. 하지만 그게 아니라 심리적 문제로 인한 병이거나 원인을 찾기 위해 다양한 임상을 해봐야 하는 상태라면, 가족처럼 대해주는 경험 많은 의사를 찾아가는 게 낫다.

성과관리 이야기를 하다 갑자기 병원 이야기를 하는 이유가 뭘까? 조직의 리더십도 이와 마찬가지이기 때문이다. 많은 리더들이 하는 착각이 있다. '모두에게 통하는 성과관리 방법'이 있다고 믿는 것. 그래서 누구는 스스로를 '카리스마형 리더', 어떤 이는 '배려형 리더'라며 자랑스럽게 이야기한다. 자기 정체성을 갖고 있는 건 좋다. 하지만 이게 모든 사람에게 통하리라 기대하는 건 위험하다.

중요한 건 그 리더십의 영향을 받는 구성원이 어떤 사람이냐다. 환자의 상태에 따라 찾아가야 할 의사가 달라지는 것처럼, 부하직원의 기질이나 역량에 따라 다른 스타일의 리더가 필요하다. 하지만 안타깝게도 구성원은 자신의 기호에 맞는 리더를 선택할 권한이 없다. 결국 바뀌어야 할 사람은 리더다. 그럼 뭘 어떻게 바꿔야 할까?

고성과자 피드백, 칭찬하지 마라!

고성과자에게 가장 필요한 건 '긍정적 피드백'이다. 내가 긍정적 피드백 방법에 대해 이야기하겠다고 하면 사람들은 의아해한다. '칭찬' 말고 뭐 다른 게 있냐고.

맞는 이야기다. 칭찬이 전부다. 하지만 우리가 흔히 하는 칭찬에도 제대로 된 방법이 있음을 모른다는 게 문제다.

우리가 하는, 혹은 들었던 칭찬을 생각해보자. "역시 자네밖에 없어!" "최고야, 똑똑해!" "해낼 줄 알았어, 잘했어!" 대충 이런 이야기들이 떠오를 것이다. 이런 칭찬의 공통점은? 모두 '결과'에 대한 피드백이다. 이런 칭찬엔 우리가 몰랐던 두 가지 문제가 숨어 있다.

첫 번째 문제. 결과에 대한 칭찬을 들으면 사람은 뿌듯함과 함께 '부담감'을 느낀다. 상대방이 기대하는 결과를 다시 한 번 보여줘야만 한다는 압박감을 느끼고 기대치를 만족시키기 위해 결과에 대해 집착하게 된다. 이런 모습이 단적으로 드러나는 것이 '부정행위'다. 예를 들어보자. 늘 시험에서 80점 정도를 받던 아이가 운 좋게 100점을 받았다. 부모가 "100점 받았네? 잘했어, 최고야!"라는 칭찬을 한다. 다음 시험, '100점을 받아야 칭찬을 듣는다'는 생각에 사로잡힌 아이는 부정한 방법을 써서라도 좋은 점수 받기에 집착한다. 결과에 대한 칭찬이 위험한 이유다. 이렇게 힘을 주기 위한 칭찬이 독이 될 때도 있다.

두 번째 문제는 더 심각하다. EBS에서 초등학생을 대상으로 실험을 한 적이 있다. 한 학생에게 수학문제를 풀게 한다. 그 모습을 보며 선생님이 계속 칭찬을 한다. "너 정말 똑똑하구나!" "이렇게 빨리 풀다니, 천잰데?"라는 식으로. 아이는 뿌듯해하며 계속 문제를 푼다. 잠시 후, 선생님이 바뀌고 다른 선생님이 이렇게 묻는다. "아까 풀었던 것보다 조금 어려운 문제를 풀어볼래, 아니면 비슷한 문제를 한 번 더 풀어볼래?" 아이의 답은 어땠을까? 슬프게도 모두 "비슷한 문제"였다. 이유는? 괜히 어려운 것에 도전했다가 자신을 "천재"라고 추켜세워준 선생님을 실망시킬지 모른다는 생각을 해서다. 결국 결과 중심의 잘못된 칭찬은 도전적인 목표를 세우는 것 자체를 가로막는다.

그럼 올바른 칭찬법은 뭘까? 있는 그대로의 모습을 알아주는 올바른 칭찬법, 두 가지만 기억하면 된다. 하나는 결과가 아닌 '과정' 중심의 칭찬이다. 예를 들어보

자. 반에서 30등 정도를 하던 아이. 그런데 이번엔 시험 기간이라고 주말에도 놀지 않고 책상 앞에 오래 앉아 있더니, 10등이나 올라 20등을 하게 됐다. 가장 먼저 떠오르는 칭찬은? "잘했어. 이거 봐, 너도 하니까 되잖아." 전형적인 결과 중심의 칭찬이다. 과정을 칭찬하려면 어떻게 해야 할까? "이번 시험 준비한다고 주말에도 열심히 하더니, 좋은 결과가 나왔네?" 이렇게 상대가 한 행동, 즉 과정에 대해 언급하는 게 좋은 칭찬이다. 시험점수는 결과일 뿐, '노력한 과정'에 대해 인정을 받을 때 '다음번에도 이렇게 열심히 해서 또 칭찬을 받아야지' 하는 기대를 가질 수 있다. 과정에 대한 언급이 핵심이다.

다른 하나는, 그 행동으로 인한 긍정적인 영향력을 설명해주는 것이다. 예를 들어, 갑자기 휴가를 가게 된 동료의 일을 기꺼이 도와준 박 대리에게 "고생했어, 역시 박 대리밖에 없어"라고 하는 건 단순한 결과를 이야기하는 것이다. 좋은 칭찬은 "박 대리 덕분에 우리 팀이 서로 도와주는 분위기가 만들어진 것 같아"라고, 그 행동이 끼친 영향에 대해서까지 말하는 것이다. 사람은 누구나 다른 사람에게 영향력을 미치고 싶어한다. 그리고 그것이 긍정적 영향력임을 인식할 때, 그런 행동을 하려는 욕망은 더 강해진다.

고래도 춤추게 한다는 칭찬. 하지만 인간은 고래와 다르다. 그래서 인간에겐 고래와는 다른, 좀 더 고난도의 칭찬이 필요하다. 과정과 영향력을 칭찬하는 것, 그것이 인간에게 필요한 칭찬이다.

의욕은 넘치는데 역량이 부족한 직원, KSA를 제시하라

평소에 참 열심히는 하는데 실적은 제자리인 구성원. 리더 입장에서 가장 안타까움을 느끼게 만드는 유형이다. 이들에게 필요한 건 격려가 아니다. 부족한 부분이 무엇인지 구체적으로 알려주는 것이다. 이럴 때 쓸 수 있는 피드백 방법이 바로 'KSA 피드백'이다. 학습knowledge, 능력skill, 태도attitude를 뜻하는 KSA는 성과를 낼 수 있는 힘, 즉 역량의 3요소다.

K는 학습knowledge을 통해 습득되는 특정 분야에 대한 정보다. 예컨대 영업사원이라면 판매하는 상품에 대한 지식이 이에 해당한다. S는 능력skill, 훈련을 통해서 습득되는 업무 수행능력을 말한다. 엑셀이나 파워포인트 등을 다루는 능력이 여기에 속한다. 능력은 꾸준한 반복연습을 통해 그 수준을 높일 수 있다. A는 태도attitude, 즉 업무 진행 시 나타나는 행동이다. 영업할 때 적극적인 모습이나, 회의할 때 집중하는 태도가 A의 영역이다.

이 세 가지 중 어느 하나라도 부족하면 좋은 성과를 내기 힘들다. 자전거가 움직이는 원리와 타는 방법(K)은 알아도 연습(S)하지 않으면 계속 넘어진다. 그리고 몇 번 넘어졌다고 금세 포기해버리면(A) 자전거 타기는 영원한 숙제로 남는다. 그런가 하면, 수백 번 넘어져도 다시 일어나는 노력(S+A)이 뒷받침된다고 해도 자전거 페달을 밟는 방법(K)을 모른 채 연습하면 바퀴는 계속 헛돈다. 결국 KSA를 구성하는 세 가지는 덧셈의 관계가 아닌, 어느 것 하나라도 0이면 모두 0이 되어버리는 곱

셈의 관계인 셈이다.

구성원들이 더 나은 성과를 내길 원한다면, KSA에 맞는 피드백을 하는 문화가 만들어져야 한다. 개발부서의 상황을 예로 들어보자.

"문 과장이 이번 개발 실적이 좋지 않은 이유는 재료의 특성을 충분히 숙지하지 못해서인 것 같아."

부족한 K에 대한 피드백이다. 이건 공부를 통해 해결할 수 있다. 관련 세미나에 참석한다거나, 개인학습에 시간을 투자해야 한다.

"성 대리는 불량이 생겼을 때 원인 분석에 시간을 너무 많이 쓰는 것 같아. 데이터 분석 시간을 줄이기 위한 연습을 좀 해보는 게 좋을 것 같아."

S의 문제다. 이럴 땐 부서 내 전문가와 협업을 해 꾸준한 반복연습을 시도해볼 수 있다.

"전 차장이 회의 때 자꾸 들락거리니까 다른 팀원들이 집중을 못 하는 것 같아. 앞으론 조심해주면 좋겠어."

성과 달성을 저해하는 A에 대한 언급이다. 행동에 대

한 비난이 아닌 그 행동이 조직에 끼치는 부정적인 영향력을 설명해 행동 개선을 요구할 수 있다.

어떤가? 사람은 이유를 알아야 납득을 하고, 납득했을 때 행동을 바꾼다. 그저 "실적 계속 이러면 가만 안 둬"라는 협박이 아닌, 상대에게 부족한 역량에 대한 KSA에 따른 피드백이 필요한 이유다.

역량은 좋은데 의욕이 부족한 직원, 원인 파악이 먼저다

"일은 참 잘하는데…." 하지만 끝말을 흐리게 만드는 구성원. 혹시 여러분 조직에도 이런 직원이 있는가? 조금만 의욕을 갖고 열심히 해주면 참 좋을 텐데, 태도를 바꾸기가 참 어렵다. 이런 직원의 경우 대부분 스스로 '잘났다'는 걸 안다. 그래서 비판적 피드백을 할 때 공개적으로 하는 건 역효과를 낼 수도 있다. 가능하면 일대일 상황에서 그의 고민이 뭔지, 어떤 지원이 필요한지를 들어주는 게 좋다. 이와 함께 업무 외적인 영역에서 스스로의 가치를 찾도록 해주는 것도 방법이다. 이를테면 업무역량이 부족한 직원의 멘토 역할을 맡기는 방법이다. 우수한 업무스킬을 남에게 가르치는 과정에서 자신의 존재가치를 높일 수 있기 때문이다. 이렇게 되면 역량이 부족한 직원은 업무성과 달성에 도움을 받고, 가르치는 역할을 맡은 직원은 업무의욕까지 높이는 이중 효과를 얻을 수 있다.

하지만 이게 전부가 아니다. 역량이 좋은 직원들이 의욕을 잃어버리는 원인, 다음 이야기에서 그 답을 찾아보자.

반에서 1, 2등을 다투는 고등학생이 있다. 안타깝게도 뒤에서. 그런데 어느 날, 그 학생이 영어공부를 하겠다는 기특한 생각을 했다. 그래서 전교 1등인 친구를 찾아가 묻는다.

"넌 무슨 책으로 영어공부 해?"

"나? 성문종합영어!"

그날 곧장 서점에 들러 책을 사고, 영어공부에 매진한 아이. 결과는? 이틀이 지나 마음이 차분해지며 다시 '원래 자리로' 돌아온다. 그러곤 이렇게 말한다.

"역시, 영어는 나랑 안 맞아. 수학을 해볼까?"

이유가 뭘까? 끈기나 인내가 없어서? 아니다. 자신이 갖고 있는 '역량'과 해야 할 일의 '난이도'가 맞지 않아서다. 영어의 기초도 없는 아이(부족한 역량)가 전문적인 책(높은 난이도)을 보고 공부를 하려니 몰입이 안 될 수밖에.

반대의 경우가 생기기도 한다. 내가 가진 역량에 비해 너무 쉬운 일을 할 때도 몰입이 되지 않는다. 2차 방정식을 풀 수 있는 아이(높은 역량)에게 1차 방정식 문제 100개(낮은 난이도)를 풀라고 하는 건, 공부가 아닌 벌이 될 확률이 높다.

조직에선 어떨까? 목표 설정 면담에서 흔히 이런 일이 생긴다.

"김 과장, 다음 분기엔 20억 하는 거야! 할 수 있지?"

이 말을 들은 김 과장은 어이가 없다. 지난 분기 실적이 10억을 겨우 넘겼는데, 갑자기 2배로 올리라니. 입사 동기인 옆 팀 박 과장은 13억을 목표로 받았다는데, 자신에게만 주어진 20억이라는 목표는 무리라고 생각된다. 하지만 리더는 말한다. "할 수 있다는 열정과 정신력으로 부딪쳐보자!"

미안한 이야기지만, 이건 열정의 문제가 아니다. 리더 혼자만의 욕심이다. 이럴 때 사람들은 포기하게 된다. 욕심을 버리고 능력에 맞는 목표를 찾아주는 것이 중요하다.

그럼, 이런 경우는 어떨까? 지난 분기에 8억을 달성한 최 과장. 다음 분기 목표도 8억을 준다. 충분히 달성할 수 있는 목표. 이럴 때 몰입이 될까? 아니다. 이럴 때 바로 '설렁설렁'이 생긴다. 이건 앞에서 이야기한 과도한 목표보다 어쩌면 더 나쁘다. 개인이 발전할 수 있는 기회조차 주지 않은 셈이니까.

사람은 자기 능력보다 턱없이 높은 난이도를 만나면

포기하고 싶어진다. 반대로 너무 쉬운 목표도 사람을 매너리즘에 빠뜨린다. 그래서 너무 쉽지도 어렵지도 않은, 즉 적당한 긴장감을 느낄 수 있는 목표를 찾아야 한다. 그래야 게임을 하듯, 목표 달성을 즐기게 된다. 이렇게 자신의 역량과 업무의 난이도가 '적당히' 조화를 이룬 업무를 미래학자인 대니얼 핑크Daniel Pink는 '골디락스 Goldilocks 업무'라고 설명했다(영국의 전래동화 〈골디락스와 곰 세 마리goldilocks and the three bears〉에서 골디락스는 곰이 끓인 세 가지 수프, 뜨거운 것과 차가운 것, 적당한 것 중에서 적당한 수프를 먹고 기뻐하는데, 이런 유래로 골디락스는 딱 적당한 상태를 가리키는 의미로 쓰인다). 자신이 할 일이 골디락스 존에 있을 때 사람들은 일에 몰입하게 되고, 업무능력이 극대화된다는 것이다. 결국 적당한 상태를 찾는 것이 중요한 과제인 셈이다.

이런 관점에서 당신 조직을 돌아보라. 역량은 좋은데 의욕이 떨어지는 직원의 경우, 업무 난이도 조절이 안 돼서 그럴 때가 많다. 그 직원이 현재 하고 있는 업무를 다시 한 번 분석해보자. 어쩌면 프로게이머가 동네 PC

방에서 아이들과 함께 게임을 하고 있는지 모른다.

업무 이외의 문제도 업무의욕에 영향을 미친다

우수한 역량에 대해 인정도 해주고, 도전적으로 나서야 달성할 만한 일을 주기도 했지만 여전히 의욕 없어 보이는 직원이 있다. 팀원들 모임에도 자꾸 빠지는 것 같고, 그러다보니 점점 더 위축되는 것 같다. 리더는 어느 선까지 개입해야 할지 고민이다.

업무 과정에서 의욕을 보이지 않는 직원은 동료들과의 관계에서 문제를 겪고 있을 가능성이 높다. 사람과의 관계 문제로 업무에까지 영향을 받아 매사에 소극적인 직원들이 의외로 많다. 이를 해결하기 위해 서툰 리더는 공개적으로 태도 변화를 요구하기도 한다. 많은 직원들 앞에서 문제 직원에게 "좀 더 자주 동료들과 어울리고 적극적으로 참여하라"고 이야기하는 식이다. 효과가 있을까? 미안한 이야기지만 이런 시도는 오히려 당사자를 더욱 위축시킬 뿐이다.

이런 직원의 문제해결에는 또 다른 이해관계자를 활용하라. 부서 내 인간관계에서 중심적인 역할을 하는 인물, 이른바 키맨key man의 도움이 필요하다. 어느 조직에나 부서원들 사이에서 두루두루 신망을 받고 리더십이 있는 키맨이 있기 마련이다. 그에게 개인적으로 요청할 필요가 있다. "다른 직원들에게는 말하지 말고 자네가 이 직원을 특별히 좀 챙겨주면 좋겠어." 이런 요청을 통해 키맨이 적극적으로 일대일로 붙어서 자주 이야기하고 동료들 모임에도 데리고 다니도록 하는 게 시작이다. 이를 통해 고민이 되는 직원과 다른 구성원들 간 상호 이해의 폭이 넓어질 수 있다.

역량도 낮고 의욕도 없다면?
구체적 툴을 줘라

역량이 낮은데 의욕마저 없는 구성원에 대해 리더는 항상 하소연한다. "내가 원하는 걸 제대로 가져오는 걸 못 보네…." 그런데 그 당사자의 생각은 다르다. "하

라는 대로 해 갔는데 제대로 보지도 않고 혼내기만 한
다"고 불평이다. 누구의 잘못일까? 미안하지만 둘 다 문
제가 있다.

월요일 오후 2시에 CEO 앞에서 다음 분기 영업전략
방향을 보고하기 위해 지난 반기 영업실적 보고서가 필
요하다. 정 과장을 불러 일을 시키기로 한다.

"사장님께 제출할 영업실적 보고서가 필요해. 월요일
까지 정리해서 줘!"

이 지시, 괜찮은가? 문제가 있다면 어떤 걸 고쳐야 할
까? 많은 조직의 리더들을 관찰하다보면, 지시 상황에
서 공통적으로 나타나는 문제가 있다. 이를 해결하려면
세 개의 질문question, 3Q가 필요하다. 첫 번째 질문은 '왜
why' 다. 이 일이 왜 필요한지 설명해야 한다. 거창하게
일의 의미를 이야기하라는 게 아니다. 보고자료가 필요
하다면 '어떤 목적'에 쓰일 것인지 명확히 하라는 뜻이
다. 두 번째 질문은 '언제까지when'이다. 많은 리더가 이

건 잘하고 있다고 착각한다. 대부분 '지금 당장' 해 오라고 하니까. 긴급하지 않고 시간을 줄 수 있는 상황이라면 최대한 구체적으로 알려줘야 한다. '수요일'이 아니라 '수요일 오전 10시', 혹은 '월요일 회의 때 중간보고 해주고, 최종 마무리는 화요일 퇴근시간까지'라고 지시해야 혼선이 생기지 않는다. 세 번째는 '어느 정도까지 how'다. 부서원이 끙끙대며 일을 해 왔는데 어떤 리더는 이렇게 말한다. "뭘 이렇게까지 자세하게 했어. 한 장 보고서면 되는데…." 리더는 미안하고, 부서원은 짜증난다. 이를 막기 위해 일의 수준이나 방법을 명확히 해야 한다.

자, 이 세 개의 질문을 갖고 앞의 지시를 고쳐보자. 먼저 '왜'. 단순한 영업실적 보고용이 아닌 향후 전략 수립을 위한 자료가 필요하다. 다시 말해 단순한 '숫자'가 아닌 '의미 분석'이 중요하다는 뜻이다. "매출액 추이를 보고 영업 방향을 정하려고 하니까, 과거 데이터 분석에 초점을 맞춰주면 좋겠지?"라고 알려줘야 한다. 다음, '언제까지'. "월요일까지"에 대해 부서원들은 "월요일 오후 6시"라고 생각하기 십상이다. 그 시간도 월요일이니까. "오후 2시 보고니까, 10시까진 확인하게 해줘." 이렇게 명확한 시간을 짚어줘야 한다. 마지막, '어느 정도까지'. 자료의 목적은 '발표용'이다. 숫자와 표로 가득한 엑셀 문서는 안 된다. 발표에 맞는 양식이 필요하다. "발표할 자료니까 PPT로 만들어주고". 그래야 설득력이 높아질 테니까.

어떤가? 일 하나 시키는 데도 너무 힘들다고? 그럴 수 있다. 하지만 이런 노력을 하지 않아 상사한테 '깨지는' 것보다, 제대로 된 결과를 얻기 위한 시간투자가 더 경제적인 것 아닐까? 리더인 당신이 기억하기 정 힘들다면, 부서원들에게 숙제를 줘라. 나의 지시를 받았을 때, 이 세 가지 질문은 꼭 해달라고. 그래야 시키는 리더도, 일을 받아서 하는 부서원도 '헛발질'하지 않게 된다.

명확하게 지시만 한다고 문제가 모두 해결되진 않는다. 성과가 낮은 직원들의 가장 큰 문제는 일하는 '방법'의 잘못에 있다. 이를 바로잡기 위한 피드백 방법이 'ERRC'이다. 부서원의 업무 중 제거할eliminate 것, 감소

할reduce 것, 증가할raise 것, 창조할create 것을 파악하는 기법이다.

쉬운 예를 들자. 다이어트를 해야 하는 당신. 막연하게 다이어트를 결심하는 것만으로는 살이 빠지지 않는다. ERRC로 목표를 쪼개야 달성 확률이 높아진다. 먼저, 다이어트를 위해 없애야 할 것은? 야식과 간식이다.(E) 다음, 줄여야 할 것은? 식사량이다. 밥 반 공기를 덜어내고, 저녁 술자리를 월 2회로 줄인다.(R) 세 번째로 좀 더 늘려야 할 것은? 활동량을 늘리기 위해 하루 20분 더 걷는다. 충분한 수분 섭취도 중요하다. 하루에 마시는 물의 양을 2리터로 늘린다.(R) 마지막으로 새롭게 시작해야 할 것은? 새롭게 운동을 시작한다. 주말마다 등산을 하면 좋겠다.(C)

피드백도 마찬가지다. 우선 목표 달성을 돕기는커녕 방해하는 일은 없는지 찾아봐야 한다. 대표적인 것이 인터넷 서핑이다.(E) 다음, 쓸데없이 시간을 낭비하게 하는 업무가 무엇인지 알려줘라. 기존고객 관리가 중요한

성과 향상을 돕는 ERRC 툴

Eliminate (제거)	Reduce (감소)
1. 2. 3.	1. 2. 3.
Raise (증가)	Create (창조)
1. 2. 3.	1. 2. 3.

E: 나의 현재 습관 중 목표 달성에 방해되는 요소는? / R: 현재 사용하는 나의 시간, 에너지 중 줄여야 할 낭비 요소는?
R: 현재 사용하는 나의 시간, 에너지 중 좀 더 집중해야 할 요소는? / C: 나의 가치를 높이기 위해 필요한 새로운 것은?

설득하지 말고 납득하게 하라

데 계속 신규고객 발굴을 위해 외근을 한다면, 외근 횟수를 줄여줄 필요가 있다.(R) 목표 달성을 위해 지금도 하고 있지만 좀 더 비중을 늘려야 할 것은 무엇인지 고민해보라. 제품 포트폴리오에 대한 학습 시간을 늘리도록 한다.(R) 마지막으로, 아직 하고 있진 않지만 더 나은 성과 달성을 위해 새롭게 추진해야 할 업무를 만들어야 한다.(C)

자, 다음 일기에 묘사된 영업팀 홍 대리의 상황에 대해서는 ERRC를 활용해 어떻게 피드백할 수 있을까?

홍 대리의 일기

금요일 아침, 오늘도 쓰린 속을 부여잡고 출근을 했다. 영업을 시작하면서 지인 관리를 하다보니 매주 두세 번은 술자리가 생긴다. 당장 매출로 연결되진 않지만, 꾸준한 인맥 관리가 중요하니 어쩔 수 없다. 그러고 보니 오늘은 한 달에 한 번 주요 고객들에게 제품 정보를 담은 우편 DM을 보내는 날이다. 효과가 눈에 보이진 않지만, 고객 발굴을 위해 씨를 뿌린다는 의미가 있다고 생각한다. 비용 쓴다고 눈치가 조금 보이긴 하지만….

오후가 되자 영업팀의 다른 멤버들은 다들 미팅이 있다며 사무실을 나간다. 어디 가냐고 물으니, 어제 처음 전화한 회사 담당자와 미팅을 잡았다고 한다. 어디서 저런 넉살이 나오는지, 부럽기도 하다. 그러는 중, 지난 달 팀 실적 1위를 한 나 과장님이 메일을 하나 보내주셨다. 나 과장님이 만든 뉴스레터를 보고 고객 한 분이 상세 제품자료를 보내달라고 하셨다며, 자료 좀 챙겨달라고 한다. 업계 현황이 상세히 설명돼 있는 뉴스레터를 보니, 감탄이 나온다. 역시 실적 1위는 뭐가 달라도 다르다.

정신없는 하루를 보내고 나니 어느덧 퇴근시간. 다음 주엔 뭔가 좋은 소식이 있겠지?

홍 대리의 다음 주 실적, 어떨까? 안타깝지만 계속 지금처럼 영업을 한다면 별로 달라질 것 같진 않다. 자, 홍 대리의 실적 향상을 위해 바로 문제풀이를 해보자. 먼저 제거할 것.(E) 쉽다. 지인과의 영양가 없는 술자리다. 당장의 실적이 중요한데 매출 기여도가 전혀 없고 오히려 업무 집중을 방해하는 모임은 과감히 없애야 한다. 다음, 줄여야 할 것은?(R) 비용만 들고 효과가 없는 DM 발송 횟수다. 월별이 아닌 분기 단위 발송으로 줄이는 게 방법이다. 그리고 늘려야 할 일은?(R) 신규 거래처 확보다. 다른 팀원들처럼 기존에 거래가 없던 회사도 적극적으로 찾아가거나, 콜드콜cold-call을 통해 잠재고객과의 접점을 늘려야 한다. 마지막, 새롭게 할 일은 뭘까?(C) 모방은 창조의 어머니라고 했다. 팀 실적 1위인 나 과장이 하는 것처럼 뉴스레터를 만들어본다.

성과를 내기 위해서 "잘 좀 해봐" 하는 덕담으로는 한계가 있다. ERRC의 네 가지 요소를 찾아 피드백할 때, 열심히만 하던 직원이 성과도 올릴 수 있게 될 것이다.

TIP

조직의 효율적 운영에 걸림돌이 되는 저성과 직원들?

리더라면 마땅히 성과가 좋지 않은 직원들도 관리해야 하지만, 짧은 시간 동안 많은 성과를 올리기 위해서는 일 잘

하는 직원들 위주로 업무를 진행시키게 된다. 이른바 업무 효율성의 극대화를 위해서다.

그런데 P&G의 재고를 6억 달러 줄여준 방법과 포드자동 차 전지사업부가 1억 달러 재고를 없앤 방법은 뜻밖이었 다. 그리고 그 원리는 동일했다. 바로 '제약조건이론Theory of Constraints(TOC)'이다.

제약조건이론의 핵심은 조직 내 제약조건, 즉 시스템을 정 체시키는 '병목현상'이 조직의 생산성을 결정한다는 것이 다. 다시 말해 병목을 제대로 해결해야 조직 생산성 향상을 기대할 수 있다는 의미다. 쉬운 예를 들면 이렇다. 여러 명 이 산을 오를 때, 산을 잘 타지 못하는 사람이 선두에 있다 고 생각해보자. 그럼 그 집단의 산행 속도는 그 사람의 속 도에 맞춰질 수밖에 없다. 그럴 땐 그 사람을 중간에 세워 두고 앞에서 당기고 뒤에서 밀어줘야 조직 전체의 산행 속 도를 높일 수 있다.

이를 조직 운영에 빗대어 적용해도 마찬가지다. 구성원 개 개인이 온전히 독립적 업무를 수행하는 부서라면 큰 상관 이 없다. 하지만 업무가 조금이라도 서로 얽혀 있다면, 그

조직의 경쟁력은 '가장 떨어지는 사람'의 수준이 된다. 영업부서를 예로 들어보면, 아주 우수한 자질의 영업사원들이 있다고 하자. 그런데 그 영업의 근거가 되는 자료를 만들어주는 직원의 역량이 상대적으로 떨어진다면? 그래서 보고자료 등의 수준이 기대에 미치지 못한다면? 우수한 자질의 영업사원들이 추가시간을 써서 보고자료를 만드는 일까지 하거나, 혹은 그저 그런 자료를 갖고 영업에 뛰어들어가야 하는 일이 생긴다. 결국 전체 조직의 수준이 낮아지는 것이다. 그래서 조직의 생산성을 가로막는 '제약 요인', 즉 문제 직원을 파악하고 적극적으로 대응하는 게 리더에게는 매우 중요하다. 명심하라. 쇠사슬의 강도는 '가장 약한 부분'에 의해 가늠된다.

Q&A

중간 피드백,
이것이 궁금하다

Q

**잘못한 직원에게 한꺼번에 몰아서 피드백하는 것이 좋을까, 바로
바로 문제점을 피드백하는 것이 좋을까?**

잘한 것에 대해 인정해주는 피드백을 많이 할 수 있다면
좋겠지만, 대부분의 피드백은 후배의 잘못을 지적할 때
하게 됩니다. 그래서 '언제' 피드백을 해야 하나 고민이
됩니다. 잘못을 했을 때 바로바로 말하자니 하루 종일
잔소리꾼이 될 것 같고, 그렇다고 잘못한 행동을 적어뒀
다가 한 번에 몰아서 말하자니 그것도 괜히 일을 만드는
것 같고… 어떤 방법이 더 효과적일까요?

A

피드백은 즉시 하는 것! 그러나 스스로에게 먼저 질문하라

리더들이 피드백을 할 때 종종 저지르는 실수가 있다.
"지난번에도 말을 안 해서 그렇지…." 혹은 "그게 언제
였더라? 자네가 그랬잖아…."

리더의 부정확한 기억에 의존한 피드백을 하는 것이

다. 이런 피드백을 들었을 때 직원들의 반응은? '내가 언제 그랬지?' 하며 잘못된 행동을 했던 걸 기억해내고 반성하려 할까? 전혀 아니다. 오히려 반대로 생각한다. '그럼 그때 이야기를 하시지, 다 지나간 이야기를 이제 와서… 뒤끝 장난 아니네.'

직원의 머릿속에 이런 생각이 든 순간, 상대의 행동을 바꾸고자 하는 리더의 피드백은 전혀 효과를 내지 못한다. '비본질적'인 것 때문에 갈등을 유발하고, 정작 피드백 '내용'은 사라져버리는 것이다. 그래서 타이밍이 중요하다. 문제 있는 직원에 대한 피드백은 바로, 즉각 하는 것이 맞다.

하지만 어떤 리더는 이렇게 묻는다. "그럼 매일매일 지적하고 잔소리하라는 거냐?" 그렇게 생각할 수도 있다. 사실 좋은 이야기도 한두 번인데, 하물며 매번 지적을 받으면 효과가 있을까? 도리어 질책에 대한 '내성'이 생겨 리더의 어떤 꾸지람에도 덤덤해질 수도 있다.

그래서 리더는 즉각적인 피드백을 하기 전 스스로에게 먼저 물어야 한다. '이 말이 지금 꼭 필요한가?' 이 질문에 대해서 '그렇다'는 생각이 드는 문제에 대해서만 지적을 하자. 꼭 필요한 질책이 아니면 넘어갈 수도 있어야 한다는 뜻이다. 대부분의 리더는 답을 알고 있다. 지금 꼭 해야만 하는 말인지, 굳이 하지 않아도 되는 말인지를.

Q

코칭이나 피드백을 꺼려하는 직원들, 어떻게 해야 편안한 마음으로 면담에 임하게 할까?

피드백이 중요하다는 이야기는 여기저기서 많이 듣습니다. 하지만 실제 행동으로 옮기는 게 만만치는 않아요. 물론 리더가 얼마나 노력하고 의지를 갖느냐에 따라 달라지긴 하겠지만…. 게다가 막상 면담을 하려고 마음을 먹어도 구성원들이 오히려 더 부담스러워하는 것 같기도 합니다. "면담 좀 하자"고 이야기하는 순간 표정이 굳어지기도 하고, 때로는 불안한 모습을 보이기도 합니다. 피드백은 결국 후배들의 행동을 바꾸려는 목적에서 하는 건데, 그걸 받아들여야 하는 사람의 마음이 준비가 안 돼 있으면 소용없는 것 아닌가요?

A

모든 면담의 시작은 안건 설정부터

사람들은 언제 불안함을 느낄까? 여러 원인이 있겠지

만, 상대의 행동이 '예측되지 않을 때' 많은 사람들이 불안감을 느낀다. 이는 구성원을 상대로 한 면담 상황에서도 비슷하다.

리더는 좋은 의도로 면담을 하자고 말을 꺼낸다. 지금껏 잘해온 부분에 대해서는 인정해주고, 조금 더 보완해주었으면 싶은 부분을 알려주기 위해서 면담을 제안한다. 하지만 그 말을 들은 구성원의 머릿속은 어떨까? 안타깝게도 고민에 빠질 때가 많다.

'도대체 무슨 말을 하려고 그러시지?'

'면담 시기도 아닌데… 내가 뭐 큰 잘못이라도 했나?'

구성원들이 느끼는 이런 불안감을 줄여주려면, 리더는 면담 시작 전에 한 가지 준비를 해야 한다. 바로 면담 때 이야기하려는 안건을 '미리' 알려주는 것이다.

"이번 면담에서는 두 가지 내용을 다루려고 해. 첫째는 지난 달 업무성과에 대한 내용이고, 둘째는 지난 회의 때 언급됐던 신규 프로젝트 진행 아이디어에 대해 피드백을 하려고."

이러한 안건 설정agenda setting은 면담에 대한 상대의 불안한 감정을 누그러뜨려줄 것이다.

또한 안건을 미리 일러두면 면담의 '본질'을 지키는 데도 기여한다. 면담을 하다보면 이야기가 의도치 않은 곳으로 흐를 때가 있다. "말 나온 김에 하는 얘긴데…" 로 시작해 애초에는 생각하지 않았던 과거 잘못이나 실수가 들춰지기도 하고, "더 잘하라는 마음에서 조언하는데…"로 시작해 앞으로 이렇게 해주면 좋겠다는 식의 일장연설로 흐르는 경우. 피드백을 해본 리더라면 한 번쯤 경험해봤을 것이다. 리더로서는 구성원들이 조금이나마 더 나아지길 원하기 때문에 할 수 있는 말이라고 대수롭지 않게 여길지도 모른다. 하지만 이건 면담의 본질을 벗어나는 것임을 기억하자.

Q

자기계발 관련 코칭은 어떻게 해야 할까?

요즘 직원들은 한 해의 실적을 따지기보다 '장기적'으로 어떻게 생활해야 하는지에 대한 고민이 많은 것 같습니다. 회사에서도 직원들의 자기계발을 위해 코칭을 하라는 이야기가 많이 나오고…. 근데 앞으로 세상이 어떻게 될지도 모르는데 코칭을 하는 게 참 쉽지 않네요. 자기계발 코칭을 위한 툴이 있을까요?

A

끝 그림을 먼저 공유하라

많은 사람들이 자기계발 코칭을 아주 어려워한다. 업무 실적에 대한 피드백은 쉽다. 본인이 어느 정도는 알고 있는 분야니까. 하지만 자기계발은 전혀 다른 영역이다. 어떤 이야기를 어느 정도까지 해줘야 할지 막막할 수밖에 없다.

이런 코칭을 할 때는 '무엇을 해라, 하지 마라' 같은 이야기를 하기 전에 질문을 해야 한다. 이를 3단계로 구분해볼 수 있다.

1단계는 직원에게 '꿈과 비전'을 묻는 것이다. 직장에서 이루고 싶은 꿈은? 가정적으로 이루고 싶은 꿈은? 이를 to be라고 말할 수 있다. 만약 이게 명확하지 않다면 자기계발 코칭은 불가능하다고도 말할 수 있다. 직원이 진짜 '뭘 원하는지'를 먼저 찾아보자.

이 질문에 대한 답이 나왔다면 2단계로 넘어간다. 두 번째 질문은 '그 꿈을 이루기 위해 갖추어야 할 것'에 대한 것이다. 비전 달성에 필요한 역량, 즉 to have를 확인해야 한다. 중요한 것은 그것을 '스스로' 찾도록 하는 것이다. 사람은 누가 '시켜서' 할 때보다 '스스로' 원할 때 실행력이 배가된다는 걸 잊지 말자.

마지막 3단계, 그것을 갖추기 위해서 지금 실천해야 할 것, 즉 to do를 물어야 한다. 많은 리더들이 으레 가장 먼저 '뭘 해야 할까?'부터 묻기 쉬운데, 실은 마지막에야 필요한 질문인 셈이다.

예로 들어보면 이렇다.

"김 대리가 조직 내에서 빠른 시간 안에 이루고 싶은

게 뭔가?"(to be)

"네, 3년 안에 과장으로 승진해서 연봉도 높이고 후배 직원들의 멘토가 되고 싶습니다."

"멋진 생각이네. 그럼 2, 3년 안에 승진을 하려면 뭘 갖춰야 할까?"(to have)'

"글쎄요. 아무래도 요즘 회사에서 강조하는 외국어 능력을 좀 더 높여야 할 것 같습니다. 물론 기본적으로 업무목표 달성은 해야 할 테고요."

"그렇겠네. 그럼 외국어 능력과 업무목표 달성을 위해 바로 시작해야 할 게 있다면 뭘까?"(to do)

"일단 외국어는 사내 학습 동아리를 활용해보는 방식이 가능할 것 같습니다. 그리고 업무목표 달성을 위해서는 신규고객 발굴 관련해서 콜드콜을 좀 더 진행해보려고요."

이런 3단계 프로세스를 통해 나온 할 일(to do)이 바로 직원의 자기계발 실행 계획이 되는 것이다.

이는 가정에서도 똑같이 적용할 수 있다. 무작정 "하루에 두 시간 이상 공부해!"하고 할 일(to do)만 강조할 것이 아니라, 아이가 그리고 있는 끝 그림(to be)을 먼저 공유하고 이를 달성하기 위한 필요조건(to have)과 해야 할 일(to do)을 나누는 게 순서다.

실행력은 이처럼 끝 그림이 있을 때 자발적 의욕에 의해서 높아질 수 있다.

자기계발을 위한 3단계 툴

to be (개인 비전)	to have (필요조건)	to do (할 일)

Q

핵심 없이 설명만 구구절절 늘어놓는 직원, 어떻게 피드백해야 할까?

"어때?" 하는 질문 하나에 장황한 설명을 늘어놓는 직원들이 있어요. 듣다보면 답답합니다. 대부분 '내가 얼마나 힘들게 일을 했는가'에 대한 내용들이죠. 이해는 됩니다, 열심히 일했다는 걸 보여주고 싶겠죠. 하지만 회사생활이 어디 그런 사소한 이야기를 다 듣고 있을 수 있나요? 다들 바쁜데. 근데 뭘 어떻게 하라고 알려주자니 막막하고. 좋은 방법 없나요?

A

1페이지 보고를 통해 결론부터 보고하는 습관을 가르쳐라

비즈니스 커뮤니케이션의 기본은 '결론'이다. 내가 '어떤 성과'를 냈는지, 혹은 일을 하는 데 '어떤 장애물'이 있는지 등을 정확히 알려주는 게 중요하다. 하지만 많은 구성원들이 이런 짧은 대화를 어려워한다. 당연하다. 결론만 이야기했다가 제한된 정보 때문에 상사로부터 '깨지지' 않을까 걱정하기 때문이다. 특히나 문제 상황을 보고해야 할 때는 더욱 그렇다.

이를 막기 위해 리더와 구성원 간에 '보고의 원칙'을 정해두는 게 좋다. 방법은 간단하다. 모든 보고는 목적, 즉 결론부터 먼저 이야기하기. 그다음에 그래야 하는 여러 가지 배경과 구체적인 실행 방법을 설명하기. 끝으로 그렇게 했을 때의 기대효과를 덧붙이기. 이러한 보고의 프레임을 제시해 리더와 구성원이 공유하도록 하자.

다양한 보고의 양식이 있겠으나, 여기서는 현업에 간단히 적용할 수 있는 1페이지 보고 양식을 소개한다. 가장 앞에 제시되어야 하는 것은 '무엇'을 말하고자 하느냐다. 쉽게 말해 결론이다. 그다음, 왜 그것이 가치 있는 제안인지 설명해줘야 한다. 회사의 전략적 방향과 일치한다거나, 외부 연구 자료에 근거해 의미 있는 제안이라는 식의 이유를 밝힐 필요가 있다. 그다음 실무적으로 해야 할 일들, 즉 구체적 실행방안을 소개한다. 이때 '누가' 수행할 것인지까지 밝히면 리더의 판단을 도울 수 있다. 마지막으로 이러한 것들이 이뤄졌을 때의 기대효과를 간단히 기술한다. 별것 아닌 툴 같지만, 리더와 구성원이 이와 같이 '공통된 생각의 프레임'을 갖고 있을 때 쓸데없는 시간 낭비를 줄일 수 있게 된다.

그리고 보고의 효과를 높이기 위한 한 가지 팁이 있다. 어떤 사람은 데이터나 자료를 봐야 마음이 놓이는가 하면, 어떤 사람은 자료를 보기보다 충분한 설명을 들으며 생각을 정리하는 것을 선호한다. 전자의 리더를 설득하려면 두툼한 자료가 핵심이다. 반면 후자에게 자료는 문서 더미일 뿐, 간결한 구두 설명이 효과적이다. 당신이 상사라면, 구성원들에게 본인의 성향을 미리 설명해주자. 그래야 원하는 형식의 보고를 받을 수 있다. 구성원이라면? 상사가 평소에 어떤 것에 더 쉽게 납득을 하는지 관찰해보라. 이에 맞게 대응해야 기껏 준비한 보고가 허공에서 흩어지는 걸 막을 수 있다.

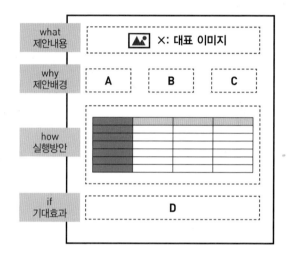

1. what: X를 해야 함

2. why: 왜냐하면 상황이 A, B, C

3. how: 우리가 어떻게 해야 할지

4. if: 실행한 후에는 D와 같은 결과 기대

3장

SEE 성과평가

공정성과 납득성을 높이는 평가의 비밀

과정이 공정해야
결과에
수긍한다

뇌는 어떨 때
공정하다고 느낄까?

2011년, 예능 프로그램에 '노래' 열풍을 불러온 방송이 있었다. 바로 〈나는 가수다〉! 이들이 내놓은 콘셉트는 '서바이벌'이었다. 그것도 아마추어를 불러놓고 경쟁을 시켜 1등을 뽑는 게 아니라, 현재 유명 가수들을 무대에 세워 1등부터 꼴등까지 순위를 매긴다는 것. 그래서 꼴찌 가수는 '탈락'의 쓴맛을 보게 한다는 콘셉트였다. 시작은 좋았다. 국민가수 김건모부터 김범수, 박정현 등 실력파 가수들이 대거 출연한다는 소식이 알려지면서 방송 전부터 엄청난 관심을 받았었다.

하지만 기쁨은 오래가지 못했다. 첫 경연이 방송되고 나서 시청자들의 항의가 너무나 뜨거워서 온라인 서버가 다운되고 프로그램 중단 위기까지 이어졌다. 청중 평가단의 투표 결과 탈락돼야 하는 김건모가 제작진의 판단으로 재도전 기회를 얻었다는 사실 때문이었다.

그게 무슨 문제냐고, 방송을 만드는 제작진이 알아서 결정할 일이라고 생각하는 사람도 있을 것이다. 그러나 수많은 시청자들은 '배신감'을 느낄 수밖에 없었다. 특히나 직접 투표에 참여한 청중 평가단은 더했을 테고. 아마도 제작진은 청중 평가단에게 강조를 많이 했을 것이다. "투표 잘하셔야 합니다. 여러분 투표에 의해서 가수 하나가 떨어질 수도 있어요!" 그래서 가슴 졸이면서 투표했는데 방송을 보니 본인들의 '기여'가 다 헛수고가

된 셈이다.

　성과관리 이야기를 하다 말고 갑자기 예능 프로그램 이야기를 하는 이유는, 이 사례가 '공정성' 개념을 아주 쉽게 보여주고 있기 때문이다. 공정성은 한쪽으로 치우치지 않고 편애하지 않는 것을 말한다. 하지만 우리는 사람이기에 어쩔 수 없이 가끔은 치우칠 수밖에 없다. 만약 이 당시에 첫 탈락 상황에 놓인 가수가 김건모가 아닌 김범수나 정엽 등 후배였다면 어땠을까? 잘은 모르겠지만, '가장' 선배였던 김건모만큼의 후폭풍은 없었을 듯하다. 어쩌면 다들 수고했다고 격려해주고 훈훈하게 마무리되었을지 모른다. 하지만 하필이면 데뷔 20년이 넘은 국민가수 김건모. 가장 섭외하기가 힘들었다는 가수가 떨어지니 제작진이 부랴부랴 후속 대책을 내놓았다고 생각할 수밖에 없다. 그래서 서버가 다운되고, 피디가 사퇴하고, 결국 프로그램 일시 중단 사태에까지 이른 것이다.

무의식적으로
파벌을 만드는 리더

성과관리 강의를 위해 수많은 기업의 직원들을 만나서 이야기를 듣다보면, 리더 입장에선 참 억울할 수밖에 없을 이야기가 많다. 리더의 의도와 상관없이, 이미 성과에 대한 상사의 평가를 신뢰하려 하지 않는 직원들도 있기 때문이다.

오해는 사소한 데서 비롯된다. 한 직원이 상사에 대해 섭섭한 마음을 토로한다.

"저는 우리 팀장님 안 믿어요. 저를 어떻게 부르시는 줄 아세요? 다른 사람들은 다 '김 과장', '박 차장', 이런 식으로 부르시는데, 저를 부를 때는 '어이, 성수 씨 이리 와봐'. 저도 대리인데, 아르바이트생처럼 하대를 해요."

그런데 다른 직원은 또 이렇게 말한다.

"저희 팀장님은 저를 부를 땐 딱딱하게 '김 과장' 이렇게 업무적으로 부르시고, 제 동기를 부를 때는 '성수 씨'

하고 살갑게 불러요."

무슨 상황인가? 리더는 아무런 고민 없이 '그냥' 부르는 호칭 하나, 말 한마디에도 구성원들은 예민하게 느낀다는 것이다. 특히 상사로부터 나쁜 평가를 받은 직원들은 뭔가 자기합리화에 필요한 단서를 찾으려다보니 이런 현상이 더 심하다. 그게 사람이다. 사소한 호칭 차이에도 자신이 차별받고 있다고, 리더가 공정하지 않다고 생각한다. 이름을 부르건, 직급을 부르건, 어떻게 부르냐는 중요하지 않다. 다만 다르게 부른다는 사실만 문제 삼는다.

뭐 이런 것까지 신경을 써야 하느냐고? 그럼 이런 상황은 어떨까? 혹시 최근 열흘간 점심식사를 어느 직원이랑 했는지 기억나는가? 물론 부서에 좀 편하게 불러내 같이 식사할 직원 정도는 있을 수 있다. 전혀 다른 뜻이 없다. 하지만 자신이 공정한 평가를 받지 못했다고 생각하는 직원들은 리더와 자주 식사를 하고 미팅을 갖는 동료를 리더가 특별히 챙겨주는 '라인'이라고 오해할 수 있다.

면담 Check Sheet

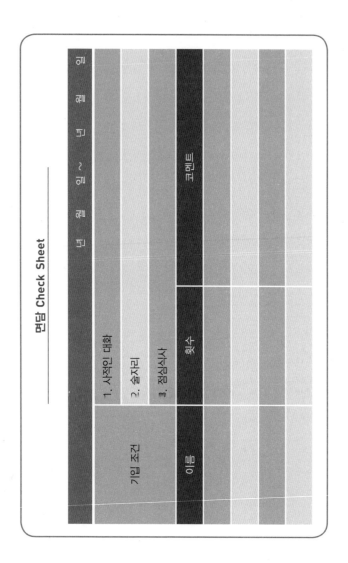

기입 조건	1. 사적인 대화			년 월 일	년 월 일 ~ 년 월 일
	2. 술자리				
	3. 점심식사				
이름	횟수			코멘트	

설득하지 말고 납득하게 하라

그래서 글로벌 기업 리더들은 언제 어떤 직원과 식사를 하고 어떤 직원과 미팅을 했는지를 꼼꼼하게 체크하기도 한다. 한 시간 미팅, 사적인 대화, 술자리, 점심식사, 이런 이벤트들을 적어두고 직원 이름을 쭉 쓴 다음, 한 번 함께할 때마다 체크를 한다. 한 달 뒤에 보면 깜짝 놀라게 된다. 본인이 알게 모르게 많은 시간을 함께 보내는 구성원이 있는가 하면, 한 달에 차 한 잔도 같이 마신 적 없는 구성원도 있다는 게 보이기 때문이다. 직원들은 이런 것에 대해 공정하지 않다고 느끼게 마련이다.

물론 리더들은 '업무적으로 논의할 게 많은 사람들이랑 시간을 많이 쓰는 거지!'라고 생각할 수 있다. 하지만 그건 리더의 생각일 뿐이다. 리더의 의도가 어찌되었든 다른 직원들은 '상사와 잘 어울리는 직원들 파'와 '그렇지 않은 파'가 나뉘어 있다고 여긴다. 사소한 호칭이나 어울리는 빈도 등을 보고, 누구를 좋아하고 누구는 관심 없어한다고 생각한다. 이건 물론 오해일 때가 많다. 하지만 진짜 리더는 이러한 오해조차도 의식을 해야 한다.

이대로 내버려두면, 소외된, 정확히 말하자면 스스로 소외받았다고 느끼는 직원들은 대개 자신에 대한 상사의 평가에 대해 비판적인 자세를 취하게 된다.

리더와 함께 진행하는 업무가 적은 말단 직원이라도 같은 부서의 구성원이다. 억지로라도 "오늘은 막내 직원과 점심 같이 먹을까?", "이 대리, 나랑 차 한잔할까?" 이렇게 노력하는 모습을 보여줘라. 그럴 때 직원들은 '우리 상사는 구성원 개개인에게 두루두루 신경을 쓰고 마음을 써주는구나' 생각하게 된다.

결국 공정한 평가란, 평가받는 대상자들이 공정하게 대우를 받는다고 느끼게 하는 것이다. 어쩌면 그것은 평가자의 작은 행동 하나에 의해 좌우될지도 모른다.

TIP

평가 대상자가 승진 예정자일 경우 객관적으로 평가하는 법

객관적 평가가 중요하다는 건 이해하지만, 조직에서 '승진'을 앞두고 있는 직원에게까지 냉정한 잣대를 들이밀기란 사실 어렵다. 근무한 연차에 따라 진급을 시켜주는 것이 관례로 되어 있으니 어느 정도는 진급 대상자에 대한 배려를 의식하게 된다. 현실적으로 많은 리더들이 고민하는 부분이다.

'안현수'라는 대한민국 쇼트트랙 국가대표 선수가 있었다. 지금은 '빅토르 안'이라는 러시아 대표 선수가 됐지만. 안현수는 태극기를 가슴에 달고 동계올림픽에서 무려 금메달 3개, 동메달 1개를 따냈다. 뿐만 아니라 세계선수권 5연패를 이룰 정도로 최고의 선수였다. 그런 그가 러시아 국가대표가 되기 위해 국적을 포기했다. 불합리한 국가대표 선발전에 대한 항의였다. 운동선수들에게 연금이나 병역문제 해결은 중요하다. 그래서 올림픽이나 아시안게임 등 큰 대회를 앞두고 벌어지는 선수 선발에 다양한 이해관계가 얽힌다. 쇼트트랙 선발전도 비슷했다. 이미 금메달을 따서 병역문제를 해결한 안현수 선수에게 고참 선수가 양보를 강요했다. 그러나 안 선수는 거부하고 실력으로 맞섰고, 이에 대해 보복성 폭행을 당했다. 이 사건은 당시 사회적으로 이

슈가 되었다.

너무 당연하지만 사람들이 쉽게 잊는 질문을 하나 해보자. 국가대표 선발의 목적이 무엇인가? 최고의 실력을 가진 선수를 선발해 국제경기에서 국위선양을 하는 것이다. 특정 선수에게 연금을 주고 병역을 면제해주려고 있는 제도가 아니다. 하지만 여기 학연과 지연 등이 얽히고설키며 이상한 결과가 나오는 것이다.

이제 조직 이야기로 돌아가보자. 조직에서 성과평가를 하는 이유는 뭔가? 직원 개개인의 성과에 맞는 합당한 보수를 주고 공로를 인정해주기 위한 절차가 성과평가다. 승진 대상자에게 필요한 점수를 몰아주기 위해 평가를 하는 게 아니라는 의미다. 아, 오해하지 말자 연차가 되면 자동으로 승진을 하도록 하는 호봉제가 무조건 나쁘다는 말은 아니다. 적어도 '성과급제'를 운영하는 조직이라면 '때가 됐으니 승진 시키자'라는 인식은 잘못됐다는 의미다. 제도를 이런 식으로 운영하게 되면 우리 회사에도 안현수 선수 같은 사례가 생길 수 있다. 즉 최고의 성과를 내고 있는 인재가 조직 내에서 인정받지 못해 경쟁사로 이직을 해버리는 사고가 생길 수도 있다. 괜한 소리가 아니다. 최근 젊은 직원들의 이직 이유를 조사한 자료를 본 적이 있다. 가장 큰 이직 원인이 뭐였을까? "아무리 열심히 일해도 항상 낮은 평가를 받을 때 오는 상실감, 분노"라는 표현이 눈에 들어왔다. "팀에서 막내이기 때문에", "지난해 좋은 평가를 줬기 때문에", "선배가 승진을 해야 하기 때문에"… 이런 말에서 부서원들은 리더의 따뜻함을 느끼기보다 무책임함을 느끼게 된다.

그럼 어떻게 해야 할까? 리더가 연말 평가에서 승진 예정자에게 후한 점수를 주는 이유는 그에게 1년 동안 지원이나 관심을 주지 못했다는 미안함에 있다. 승진을 앞두었는데 신경 써주지 못했다는 마음의 빚이 있어 고과로나마 보상을 해주려고 하는 것이다. 결국 리더가 이런 마음을 바꿔야 한다. 방법은 쉽다. 진급 대상자는 특별 대우하라! 연초부터 특별 관리를 하면 된다. 크게 세 가지 방법이 있다.

첫 번째 방법은, 승진 예정자가 남들보다 더 나은 성과를 낼 수 있도록 공격적 목표를 세우게 하는 것이다. 조직의 오랜 문제를 풀어낼 수 있도록 과제를 주거나, 실적을 높일 수 있도록 상향된 목표를 주는 식이다(목표 설정 단계에서 언급한 문제해결 목표나 창의적 목표가 이에 해당된다). 일단 지향점 자체를 높게 잡는 게 중요하다.

두 번째 방법은 목표 달성을 위한 리더의 적극적인 지원이다. 말로만 "잘해봐!"라고 하는 건 지원이 아니다. 2개월에 한 번 정기적 미팅을 통해 진척 상황을 체크하거나, 조직이나 리더가 지원할 사항은 없는지 꼼꼼히 확인해야 한다. 다른 구성원들이 불공평하다고 느끼지 않겠냐고? 아무것도 하지 않은 채 때가 됐으니 승진시켜주는 리더와, 승진 예정자가 더 나은 성과를 내도록 지원하는 리더, 구성원들은 두 사람 중 누구를 더 믿고 신뢰할까? 답은 너무 쉽다.

마지막 세 번째 방법은 평가 가산점을 받을 수 있는 수명업무의 기회를 주는 것이다. 승진은 리더 혼자 노력한다고 가능하게 만들 수 있는 게 아니다. 리더의 상급자도 이 직원의 '공'을 느낄 수 있도록 수명업무를 적극적으로 내려주는 것도 좋다. 기회를 주는 것과 특혜를 주는 것은 다르다는 사실을 잊지 말자.

자, 이렇게 리더가 관심을 갖고 지원을 해줬는데도 목표를 달성하지 못했다면? 그 직원에게 승진의 기회를 줄 수는 없다. 바로 이게 공정한 성과평가다. 승진 시기를 놓친 구성원에게서 올 불만은 어떻게 감당하느냐고? 이렇게 기회를 주고 지원을 해줬는데 목표를 달성하지 못했다면, 그래서 기회를 놓쳤다면, 누가 미안해할까? 이것이 리더의 진정성 있는 특별 관리가 필요한 이유다.

'옳고 그름'보다
중요한
'내 편인가'

이 대리는 매일 아침 7시에 출근하고, 자정이 넘어서야 집에 간다. 365일, 정말 열심히 일한다. 하지만 안타깝게도 그의 별명은 '마이너스의 손'. 이대리가 손만 댔다 하면 프로젝트가 엎어지기 때문이다. 솔직히 실적이 좋지 않다는 것은 이 대리도 안다. 하지만 올해 누구보다 성실했기 때문에, 지난 평가보다는 좋은 고과를 받기를 바라는 마음에 상사에게 조심스럽게 이야기 꺼낸다.

"팀장님 아시죠? 저, 죽을 만큼 열심히 했습니다. 이번 엔 A 주시면 안 될까요?"

자, 이럴 때 당신이 상사라면 어떻게 반응하겠는가?

어떤 상사는 이렇게 잘라 말한다.

"뭐, A? B도 고마운 줄 알아."

그런데 또 다른 상사는 같은 결과를 주면서도 한마디 를 붙인다.

"매일 한밤중에야 들어가고 아침에 일찍 출근했지? 고생한 건 나도 알아. 하지만 실적을 보니 B를 줄 수밖 에 없네."

자, 이 대리는 둘 중 누가 더 공정하게 평가했다고 생 각할까? 당연히 후자다. A를 못 얻은 것은 양쪽 모두 동 일하다. 하지만 후자에게선 성실함과 존재감을 '공감'받 았다고 생각하기 때문이다.

평가의 전제,
공감 스킬

상대에 대한 공감, 어렵게 생각하면 막막하지만 쉽게 생각하면 또 간단한 일이기도 하다.

예를 들어보자. 리더가 이메일 확인을 하고 있던 중, 부서원이 보고를 하러 들어왔다.

"말씀드려도 될까요?"

부서원의 질문에 "응"이라고 흔쾌히 대답을 한다. 그런데 몇 마디 하던 직원이 갑자기 말을 멈춘다.

상사가 묻는다. "왜 보고하다 말아?"

"아… 다른 거 하시는 것 같아서요."

이때 상사가 대수롭지 않게 말한다. "아냐, 다 듣고 있어, 말해."

혹시 '나도 그러는데' 싶다면, 혹은 '뭐가 문제지?'라는 생각이 들었다면, 당신의 성과관리는 위험하다고 봐야 한다. 구성원들이 리더에게 섭섭함을 느낄 때가 언제인가를 물으면 가장 많이 나오는 대답이 '이야기를 잘

들어주지 않을 때'라고 한다. 이런 말을 듣는 리더는 억울하다. 처리할 일이 많은 바쁜 와중에도 충분히 듣고 있는데 말이다. 하지만 어쩔 수 없다. 사람은 상대의 드러난 행동을 볼 수 있을 뿐 속마음까지 알아차릴 순 없기 때문이다. 상사는 비록 노트북을 보면서도 이야기를 듣고 있지만, 노트북이나 다른 서류에 한눈이 팔린 것을 본 구성원의 뇌는 '내 이야기를 듣지 않고 무시한다'고 생각할 수밖에 없다.

경청의 가장 낮은 수준을 표현하는 '배우자 경청spouse listening'이라는 말이 있다. 안타깝지만 너무나 공감되는 단어다.

일요일 오전, 밀린 신문을 보고 있는데 부인이 와서 말한다. "여보, 애들 진로문제에 대해 같이 이야기 좀 해."

남편도 중요한 이야기라 생각되기에 흔쾌히 답한다. "어, 이야기해." 하지만 눈은 여전히 신문을 향한다.

"아니 여보, 신문 치우고 진지하게 좀 이야기하자. 애들 문제잖아."

무슨 말인가 싶어 다시 말한다. "다 듣고 있어, 이야기해."

"여보, 이야기 좀 하자니까?"

이제 남편도 짜증이 난다. 빨리 본론을 이야기하면 될걸 왜 자꾸 뜸을 들이나 싶어 한마디 붙인다. "왜 이래? 다 듣고 있다니까? 이야기하라고!"

그때 부인이 갑자기 화를 내며 일어난다. "됐어, 당신하고는 대화를 못 하겠어."

이럴 때 남편은 억울하다. 왜? 정말 다 듣고 있다고 생각해서다. 하지만 큰 착각이 하나 숨어 있다. 듣는 것도 '제대로' 들어야 한다. 히어링hearing과 리스닝listening, 똑같이 '듣기'로 번역되는 말이지만 둘은 상당한 차이가 있다. 히어링은 그냥 '듣는 것'이다. 다양한 소리가 청각으로 감지되는 것. 리스닝은 다르다. 말하는 사람의 마음을 배려하며, 그 말의 속내를 파악해가며 '귀를 기울이는 것'이다.

이건 앞에서 언급한 부서원과의 대화에서도 마찬가지다. 리더들은 '다 듣는다'고 말하지만 내내 주의를 기울이지는 않는다. 바로 '효율성' 때문이다. 부서원의 이야기를 '히어링'하다가 중요한 이야기다 싶으면 '리스닝'으로 전환하기도 한다. 혹은 히어링하던 도중 불필요한 이야기가 길다 싶으면 말을 자르고 결론을 묻는다. 이 모든 게 빨리빨리 일처리를 하기 위한 것이다.

하지만 비즈니스의 진짜 목적이 뭘까? 효율적으로 빨리 처리하는 게 목적이 아니다. 좋은 결과를 만들어내는 게 비즈니스의 목적이다. 이는 성과관리에서도 마찬가지다. 빨리빨리 평가를 작성하고 빨리빨리 구성원들에게 통보하는 걸 목적으로 삼으면 면담은 필요 없다. 그러나 중요한 것은 구성원을 납득시키는 것이다. 그 시작이 바로 시간이 좀 더 걸리더라도 충분히 들어주는 것이다.

성과평가 면담을 마치고 만족스럽다고 느낄 만한 직원은 거의 없다. '상사는 잘 모르지만 내가 쏟은 노력'이 많을 수 있기 때문이다. 이때 리더가 그 이야기를 들어주느냐 무시하느냐는 하늘과 땅 차이다. 물론 시간은 그만큼 많이 걸린다. 어떨 때는 '본인만의 무용담'을 늘어놓는 직원 때문에 답답할 수도 있다. 하지만 그게 리더의 역할이다. 충분히 들어준 뒤, 받아들일 만한 내용은 수용을 하고 잘못 알고 있는 부분은 바로잡아줘야 한다. 평가는 그다음이다.

많은 심리학자들이 말한다. '인정'과 '공감'을 착각하지 말라고. 인정은 상대의 주장에 '확실히 그렇다고 동의하는' 것이다. 그렇다면 공감은? 상대의 주장에 동의하지 않아도 된다. 다만 그렇게 주장하는 '의도와 욕구를 알아주고 이해하는' 것을 의미한다. 그런데도 평가기간만 되면 '인정'의 여지를 주지 않으려고, 상대방의 욕구에 '공감'하는 단계를 싹둑 생략하는 상사들이 의외로 많다. 기억하자. 공감은 상대에게 줄 수 있는 최고의 정서적 선물이라는 것을.

객관성 대 납득성,
뭐가 더
중요할까?

2016년 3월, 취업포털 잡코리아가 직장인 1,930명에게 물었다. "회사가 직원의 성과를 적절히 관리하고 보상하고 있습니까?" 이 질문에 63%의 응답자가 '아니다'라고 답했다. 이 가운데 7.9%의 응답자는 '평가 결과를 전혀 받아들일 수 없다'라고 말했다. 놀랍지 않다고? 그렇다. 하지만 억울해하는 사람들이 있다. 바로 '열심히' 성과평가를 한 리더들이다. 최대한 객관적 평가를 위해

KPI를 설정하고 지표를 수치화하려 노력했지만, 돌아오는 것은 부서원들의 불만뿐이다.

솔직히 평가에 대한 불만은 누구나 있을 수 있다. 문제는 과도한 불만으로 인해 직원이 의욕을 잃는다는 것이다. 혼자만 그러면 그나마 다행이다. 이를 핑계로 조직 내 갈등을 은근히 조장하고, 다른 회사로 훌쩍 떠나버린다면 문제가 훨씬 심각해진다.

한계가 있을 수밖에 없는 평가, 공정한 평가를 위한 솔루션은 없는 걸까? 객관적인 지표 만들기를 논외로 친다면, 어떻게 하면 공정한 평가로 '받아들이게' 하느냐 하는 이슈가 있다. 평가 결과에 대한 부서원들의 '납득성'을 높이기 위해 기억해야 할 두 가지를 살펴보자.

부부싸움 후
비리플라카 신전을 찾는 이유

옛날 로마 사람들은 부부싸움이 격해지면 비리플

라카 여신의 신전에 찾아갔다. 하지만 신전에 싸움을 중재하거나 해결책을 내려주는 사람이 있는 건 아니다. 그곳엔 아무도 없다. 부부싸움을 해결하는 방법은 이렇다. 잔뜩 화가 난 부부는 여신상 앞에서 각자의 분노를 쏟아낸다. 부부 중 한 사람이 자신의 화를 뱉어낼 때 옆에 있는 다른 한 명은 반드시 침묵해야 한다. 그렇게 한 사람의 이야기가 끝나면, 다른 한 사람이 이야기를 시작한다. 이렇게 각자 이야기하고 서로의 이야기가 끝나면 다시 한 사람씩 시작하는 형태로 서로 지쳐 쓰러질 때까지 이야기한다.

그런 다음 둘이 신전에서 나올 때는 어떻게 달라질까? 손잡고 나올 정도까진 아니지만 서로의 거리가 5미터에서 2미터 정도로는 가까워져서 나올 수 있게 된다. 이것이 왜 가능할까? 속엣말을 하다보면 마음이 후련해지고, 상대에 대한 증오가 어느 정도 증발될 수 있기 때문이다. 그리고 운이 좋으면 상대를 이해할 수도 있다.

여기서 주목해야 할 점은 바로 '쏟아낸다'는 것이다.

옳고 그름에 대한 판단을 하기 전에 하고 싶은 이야기를 충분히 하게 하는 것. 성과평가 결과를 당사자가 수용하게 하기 위해서도 이것이 꼭 필요하다. 구성원을 평가 과정에 참여시키라는 의미다. 상사의 평가 결과에 불만을 가진 직원들은 '내 억울한 입장을 충분히 말할 기회조차 주지 않았다'고 생각한다. 이게 사람이다. 결과가 바뀌고 안 바뀌고를 떠나, 자신의 생각을 충분히 쏟아낼 수 있게 해줘야 '할 만큼 했다'는 생각을 하게 된다.

대부분의 싸움이 커지는 이유는, 한 사람이 충분히 말을 못 해 분이 풀리지 않아서다. 그런데 이런 분노가 엉뚱한 곳으로 향하는 걸 '수평폭력'이라고 한다. 심리학에서 말하는 수평폭력이란, 위로부터 오는 압력이나 거대권력의 공격을 받으면서 동등한 입장이나 약자에게 분노를 돌리는 현상이다. 쉽게 말하면, 내가 분이 풀리지 않으면 다른 데 가서 나랑 비슷하거나 못한 사람한테 분을 푼다는 것이다. 종로에서 뺨 맞고 한강에서 화풀이하는 격이다. 그래서 충분히 말할 기회를 주는 것이 아주 중요하다. 그리고 이는 성과관리에서도 꼭 필요하다.

저성과자에게 낮은 평가 결과를 통보해야 하는 경우

저성과자들과 평가면담을 할 때 리더는 더 많이 신경을 쓰게 마련이다. 나름대로 최대한 많은 데이터를 모아서 설명을 하려고 하는데 효과가 있는지는 잘 모르겠다. 상대방의 말을 들어주는 게 중요하다는 건 알지만, 말을 시켰다가 오히려 불평불만만 듣게 되는 건 아닐까? 그래도 결국 해법은 스스로 평가하게 하는 것이다.

퇴근시간, 강북에서 강남으로 가기 위해 택시를 탔다. 그때 어떤 기사는 이렇게 말한다.

"1호 터널로 갈게요."

기사의 '촉'이 좋아 운 좋게 1호 터널이 막히지 않으면 서로 행복하다. 그런데 불행하게도 터널 안은 이미 주차장이다. 짜증이 난 당신은 이렇게 생각한다. '택시비 조금 더 받아내려고 일부러 막히는 길 찾아온 거 아니야?'

똑같은 상황, 노련한 기사는 이렇게 묻는다.

"1호 터널로 갈까요, 3호 터널로 갈까요?"

잠깐 고민하던 당신은 "1호 터널이 낫지 않을까요?"라고 말한다. 그러면 1호 터널이 오갈 데 없이 꽉 막혀 있더라도 '내가 이쪽으로 오자고 한 거니 어쩔 수 없지 뭐' 하고 상황을 받아들인다.

택시는 똑같이 막히는 길에 접어들었다. 하지만 교통체증을 받아들이는 당신의 태도는 180도 다르다. 이유는? 전자는 기사의 '일방적인 판단'에 의한 결과였지만, 후자는 '스스로' 결정 과정에 참여했기 때문. 바로 이게 납득성을 높이는 면담의 방법이다.

평가면담을 할 때 많은 리더가 땀을 뻘뻘 흘리면서 '왜 나쁜 평가를 했는지'를 설명해주려 한다. 바람직한 모습이긴 하지만, 안타깝다는 생각이 들 때가 더 많다. 리더가 껄끄러운 이야기를 열심히 하는 이유가 뭔가? 바로 구성원이 그 설명을 듣고 하위 고과를 받은 것을 '납득'하게 하려는 것이다. 하지만 이런 방법으로 상대가 납득하게 할 수는 없다. 오히려 해당 직원은 리더의 설명을 들으며 리더가 '잘

설득하지 말고 납득하게 하라

못 알고 있는 것'을 찾기 바쁠지도 모른다. 이는 인간의 당연한 반응이다. 사람의 심리는 타인의 평가를, 특히 그것이 부정적인 평가일 때는 더욱 더 납득하기 힘들어한다. 이러한 심리적 방어기제 때문에 자신이 맞닥뜨린 문제, 즉 부정직 피드백의 원인을 다른 관점에서 찾으려 한다.

하지만 스스로 판단하고 본인이 인정할 때는 납득이 된다. 그래서 본인 스스로 실적에 대해서 평가하게 유도해야 하는 것이다. 이를 위해 필요한 게 바로 리더의 질문이다.

"올해의 목표는 무엇이었는가? 어느 정도 달성했다고 생각하는가? 부서 성과에 어느 정도 기여했다고 생각하는가? 동료들은 본인과 비교해서 어느 정도의 성과를 냈다고 생각하는가? 목표에 미치지 못했다면 그 원인은 무엇인가? 향후 목표 달성에 무엇을 지원해주면 도움이 될까?"

이 질문들에는 한 가지 공통점이 있다. 좋은 성과를 내지 못한 직원 스스로가 자신의 성과에 대해 생각하고 이를 객관적 관점에서 평가해보도록 한다는 것이다. 그리고 리더는 직원의 의견을 듣고 나서 그 이야기를 기반으로 '그래서 이러한 평가가 이뤄졌다'는 것을 나중에 설명해야 한다.

그런데 이런 과정을 거치면 하위 고과를 받은 직원 모두가 납득을 할까? 미안한 이야기지만 그래도 여전히 불만은 있다. 하지만 인식의 차이를 조금이나마 줄일 수 있게 된다. 사전 단계 없이 바로 평가 결과를 통보하고 설명할 때는 듣는 사람 입장에서 일방적이라고 생각하기 십상이지만, 질문을 하고 스스로 돌아보게 하는 최소한의 행동을 통해 오해를 조금이나마 줄일 수 있는 것이다.

먼저 게임의 룰을 정하라

납득성을 높이기 위한 두 번째 방법을 알아보기 전에, 포커 이야기를 잠깐 해보자. 포커에선 연속된 숫자 5개를 '스트레이트'라고 한다. 자, 당신이 6, 7, 8, 9, 10 카드를 던지며 '스트레이트'라고 외쳤다. 그러자 상대가 회심의 미소를 지으며 A, 2, 3, 4, 5 카드를 내보인다. 누가 이겼는가? 정답은, 동네마다 다르다. 어떤 곳은 A~5

가 이기지만, 어떤 곳에서는 지게 된다. 포커의 룰을 알자고 한 질문은 아니다. 여기서 핵심은 뭘까?

상황마다 다를 수 있는 룰을 '사전에 정했는가'이다. 이것은 프로와 아마추어를 나누는 특징이기도 하다. 프로는 룰부터 정하고 게임을 시작하는 반면, 아마추어는 일단 시작부터 한다. 그러다 상황 봐가면서, 목소리 높여서 규칙을 정한다.

조직에도 프로와 아마추어가 있다. 어느 날 상사가 말한다.

"박 대리, 자네 이번엔 A야."

순간, 박 대리는 귀를 의심한다. 박 대리는 개인 매출 목표를 진작 달성해서 내심 S등급을 기대하던 터다.

"네? 제가 왜 A죠?"

이어지는 상사의 말에 박 대리는 어이가 없다.

"자네, 팀 회식 계속 빠졌지? 팀을 지탱하는 힘은 단합이라고!"

물론 단합은 중요하다. 하지만 연초부터 '개인별 실적'

만 외쳐온 상사가, 평가 기간이 되니까 갑자기 회식 참석률을 보겠다? 박 대리 입장에선 억울할 수밖에 없다.

특히 이런 상황은 결과가 분명한 성과평가보다는 태도평가나 역량평가에서 자주 발생한다. 평가의 기준, 그리고 기대사항은 사전에 미리 공유하라. 신뢰는 리더에 대한 예측 가능성에서부터 시작한다. 평가를 하기 6개월 전에 어떤 지표를 어느 정도로 평가에 반영하겠다고 미리 알려야 한다. 각종 행사 참여도, 직원들 간 인사 등을 태도평가에 반영하겠다고 구체적으로 밝혀두어야 한다. 그렇게 하지 않으면 직원들은 '뒤통수 맞았다'는 느낌을 받을 수밖에 없다.

구성원들은 사전에 협의되지 않은 기준으로 평가를 했을 때 가장 불만이 크다. 평가는 혼자 쓰는 비밀일기와 다르다는 점을 기억하자.

평가의 기준을
세워라

"모든 회의 시작 전, 비상시 탈출경로를 확인한다. 복도 모퉁이에 직원 충돌방지 거울을 설치한다. 타일이 설치된 바닥마다 미끄럼 주의 표지판을 설치한다. 계단 이용 시, 안전 손잡이를 잡는다. …"

얼핏 보면 불필요하고 비효율적일 수도 있는 규칙들을 모든 조직원이 철저히 지키는 기업이 있다. 바로 합성섬유 나일론을 개발한 세계 최고의 화학기업 듀폰 DuPont이다. 듀폰은 왜 이런 규칙들을 만들었을까? 이는 듀폰이 속한 업종의 특성에서 비롯됐다. 듀폰은 화학물질을 다루는 기업의 특성상 사고 위험이 상존한다. 사업 초기엔 크고 작은 사고들로 인명 피해를 입기도 했다. 아무리 조심하라고 주의를 주어도 순간의 방심이 사고를 불렀다. 결국 듀폰은 사고 예방을 위해 '안전'을 최우선 업무가치로 삼고, 이를 위한 업무규칙들을 세웠다.

"일분일초가 바쁜데 계단에서 왜 못 뛰게 해?"

"비상통로 얘긴 수백 번도 더 들었는데, 그냥 좀 지나치지."

안전이라는 업무가치가 명확한 듀폰에서 이런 불만을 토로하는 직원은 없다. 대신 어떻게 하면 안전을 지키는 선에서 새로운 제품을 개발하고, 조직을 운영할지를 고민한다. 조직원이 선택하고 결정할 자율의 영역을 명확히 해 그 영역에 집중하도록 돕는 것, 이것이 업무가치의 힘이다.

리더의 평가에서도 이러한 업무가치가 꼭 필요하다. 우리 조직에서 반드시 지켜야 할 원칙과 기준을 정하고 공유해야 한다. 조직은 다양한 구성원이 모인 공간이다. 조직원 서로가 중시하는 업무가치도 다를 수 있다. 안정성 대 도전, 스피드 대 꼼꼼함 식으로 말이다. 조직이 중시하는 업무가치를 명확히 하지 않은 상황에서 일을 하게 된다면? 서로 다른 업무가치를 가진 조직원들은 서로 '내가 맞다,' '네가 틀리다' 하며 불필요하게 싸우게 된다. 나의 최선이 상대에게는 미숙함이나 부주의로 받아들여지는 것이다. 결국 이 때문에 어떤 직원에게 좋은 평가를 줘야 할지도 애매해진다.

특히 이런 업무 가치를 미리 밝히는 것은 정량적 지표로 평가하기 힘든 '행동평가'를 할 때 매우 중요하다. 조직에서 리더가 구성원의 행동을 관찰하기 가장 좋을 때가 회의를 할 때다. 혹은 부서 내·외부 인력과 협업을 할 때 어떤 업무 태도를 보이는지도 행동평가의 요소가 될 수 있다. 최소한 이런 상황에서 내가 부서원들을 어떤 기준에서 평가할지는 미리 알려야 한다. 아래 표는 회의 시 행동평가를 위해 참고할 수 있는 내용이다. 맡은 조직의 성과 달성을 위해 구성원들이 '어떤 상황'에서 '어떻게 행동하는 것'이 좋은 평가를 받을 수 있는 방법인지 고민하고 이를 미리 알려주는 게 중요하다.

구성원들이 '명확하게' 인식할 수 있는 업무가치를 만들어보자. 무엇이 맞고 틀리고는 없다. 얼마나 구체적으로 그리고 정확하게 구성원들과 나누었느냐가 중요하다.

"팀장으로서 내가 가장 중요시하는 원칙은 약속 준수다. 모든 팀원이 만족스러운 성과를 내도록 서로 간의 약속을 가장 중요시해줬으면 좋겠다."

회의 시 행동에 대한 준수 여부 측정

평가지표	가중치	우수 5	양호 4	보통 3	미흡 2	부족 1	평점
1. 회의 시 정시에 준비를 완료하는가?	10						
2. 회의시간에 다른 사람의 끝을 끝까지 듣고 반응하는가?	15						
3. 회의 시 새로운 아이디어와 개선점을 내는가?	5						
4. 신규 아이템(제도, 업무 프로세스 등) 제안에 적극적인가?	10						
5. 상대방의 아이디어 비판 시 대안을 제시하는가?	10						

설득하지 말고 납득하게 하라

당신 팀에 이런 기준이 있다면, 구성원들은 최소한 원칙을 어긴 뒤에 좋은 평가를 기대하진 않을 것이다.

TIP

평가 시 자주 빠지게 되는 세 가지 함정

최신효과

연말이 되면 방송사에서 각종 시상식을 한다. 이때 대상 수상자들에겐 공통점이 있다. 가을에 음반을 내고 그 이후에 본격적으로 활동을 한 가수, 하반기 드라마에서 열연을 펼친 배우가 주로 상을 받아간다. 평가 시기와 가까울수록 사람들의 기억에 좋은 기억으로 남아 있을 확률이 높기 때문이다.

이는 조직에서 평가를 할 때도 마찬가지다. 상반기에 좋은 실적을 얻은 경우보다 하반기에 눈에 띄는 실적을 올린 직원들이 더 나은 평가를 받을 때가 많다. 이게 '최신효과'다.

관심편향

결혼을 앞둔 연인이 백화점에 가면 혼수 관련 이벤트를 아주 많이 한다고 생각하게 된다. 부부가 아이를 가졌을 때는 지하철에서 유독 임산부가 눈에 많이 띈다. 아기를 데리고 백화점에 나가보면 유모차를 끌고 다니는 사람들이 엄청나게 많다는 걸 발견하게 된다.

그런데 현실이 정말 그럴까? 사실은 그렇지 않을 때가 많다. 다만 '나의 상황'과 유사한 것들이 눈에 더 많이 들어오는 것이다. 이를 '관심편향'이라고 한다. 본인과 비슷한 상황, 비슷한 성향의 행동이 친숙하기에 이를 긍정적으로 볼 때가 많다. 평가에서도 그렇다. 리더들에게는 각자 자기만의 기질, 성향이 있다. 속도를 중시하는 사람이 있는가 하면 신중함을 중요시하는 사람이 있는 것이다. 그리고 자신과 비슷한 기질의 사람을 좋게 평가하려는 경향이 무의식적으로 발동할 수 있다.

확증편향

첫 인상을 '긍정적'으로 평가한 사람이 실수를 하면 '그럴 수도 있지 뭐'라고 생각한다. 하지만 만약 '부정적'인 인식을 갖고 있던 사람이 똑같은 실수를 한다면? '그럴 줄 알았다'라며 부정적 인식이 더 확고해진다. 그런 사람이 더 열심히 일하는 모습을 보여도 '왜 저렇게 오버를 하지?' 하며 오히려 더 부정적인 평가를 하게 되기도 한다.

이처럼 사람들은 자신의 초기 판단을 계속 믿고자 한다. 자신의 판단이 잘못됐다는 걸 인정하는 게 쉽지 않기 때문이다. 이게 '확증편향'이다.

이 밖에도 사람들이 판단을 내릴 때 빠지게 되는 함정은 많다. 안타깝게도 이를 '없앨' 방법은 없다. 인간의 뇌가 컴퓨터가 아니기에 어쩔 수 없는 부분이다. 하지만 이런 오류를 최소화하려는 노력은 중요하다. 그 시작이 '내가 이런 오류를 범할 수도 있구나'라는 사실을 명확히 인식하는 것이다. 잘못된 판단을 내릴 수 있음을 아는 것만으로도 많은 문제를 줄일 수 있다.

상대평가,
꼭 해야
하는가?

경쟁력은
경쟁을 통해 커진다

"포기하지 마라, 좌절하지 마라, 경쟁에서 이겨라,
저는 이런 말 하고 싶지 않아요."

'인류 대표' 자격으로 알파고와 바둑 대결을 해 유명
인사가 된 프로 바둑기사 이세돌이 읊조리는 광고 문구

다. 끊임없이 이어지는 경쟁에 지친 사람들을 위로하기 위한 공익광고다.

그렇다. 우리는 태어나면서부터 '경쟁'에 들어간다. '왜 이렇게 또래에 비해 걷는 게 느리지?', '아직도 옹알이밖에 못 해', '한글을 빨리 떼야 하는데'… 학교와 직장은 말할 것도 없고, 유치원부터 양로원까지 사람들이 모인 곳이면 어디서나 자연스럽게 경쟁 상황이 만들어진다. 그리고 경쟁에 따른 성공과 실패라는 잣대로 사람들을 줄 세운다.

이런 모습은 고과에 따라 연봉, 즉 돈이 오가는 조직에서는 '상대평가'라는 이름으로 진행된다. 이를 통해 조직 내에서의 경쟁이 당연해졌다. 평가 대상자에게는 남들보다 좋은 점수나 성과를 얻기 위해 노력하게 하는 동기가 되고, 평가자에게는 성과 수준에 따라 승진, 성과급 등의 보상을 줄 수 있는 근거가 됐다.

그러나 "최선을 다해 좋은 성과를 내도 비교를 통해 낮은 평가를 받으니 일할 맛이 안 난다", "서로 자기 실적만 챙기려다보니 구성원들 간에 협업은커녕 싸움만 일으키는 줄 세우기 도구이다" 하는 불만의 목소리 또한 높았다. 이에 따라 최근에는 기업에서 상대평가 제도를 폐지하는 일도 생겨났다. 실례로 마이크로소프트Micro-soft의 경우, 2013년에 이미 상대평가 기반의 성과관리 제도인 '스택 랭킹stack ranking'을 폐지했다. 심지어 일부에서는 평가제도 자체를 없애야 한다는 목소리도 나온다. 상대평가를 실시하면 정말로 효율성이 떨어지고 갈등만 유발하는 것일까?

다시 음악 예능의 시작이라 할 수 있는 〈나는 가수다〉를 떠올려보자. 〈나는 가수다〉가 시작되기도 전부터 시청자들은 이 프로그램의 방식에 큰 관심을 보였다. 아마추어가 아닌 '프로' 가수들, 그것도 '유명' 가수들을 서로 '경쟁'시키고 청중의 평가에 따라 '탈락'시킨다는 서바이벌 콘셉트, 즉 상대평가 방식이 화제가 되었다. 하지만 염려도 있었다. 과연 유명 가수들이 이러한 위험 부담을 안고 출연을 할 것인가 하는 부분이었다. 그런데 (물론 섭외가 쉽지 않았다는 PD의 고백이 있긴 했지만) 방송이 진행되는 과정에서 유명 가수들뿐 아니라 숨어 있던 실력자들이 줄지어 무대에 올랐다. 그럼 〈나는 가수다〉는 어떻게 가혹한 평가 방법과 탈락이라는 제도까지 더해졌음에도 이미 큰 인기를 누리고 있는 유명 가수들을 계속 무대에 세울 수 있었을까? 역설적이게도 바로 '상대평가'가 그 비결이었다. 가수들에게 〈나는 가수다〉의 무대는 일종의 도전이었다. '그냥 잘 부르는 노래'만으로는 좋은 평가를 받을 수 없기에 새로운 시도를 하며 경쟁력을 높이게 하는 자리였다. 실제로 한 가수는 이런 고백을 했다.

"지금까지는 나의 음악세계만 생각했다. 하지만 이 프로그램 출연 이후에 청중의 관점, 평가단의 반응에 대해서까지 고민을 하게 됐다. 그 결과, 대중가수로서의 경쟁력을 쌓을 수 있게 되었다."

상대평가 방식 덕분에, 이미 잘하고 있다고 생각했기 때문에 별로 신경 쓰지 않았던 부분까지도 다시 고민하고, 다른 방법 혹은 더 발전할 수 있는 방향을 찾게 된 셈이다. 상대평가의 긍정적인 취지인 공정한 경쟁을 통한 상호발전을 바람직하게 제대로 활용한 것으로 볼 수 있다.

이러한 예는 가까이에서도 찾아볼 수 있다. 대학 시절 남학생들이 합법적으로 수업을 빠질 수 있는 날이 있다. 바로 예비군 훈련일이다. 과거의 예비군 훈련은 '누가 더 보람차게 멍하니 있을 것인가?'를 고민하는 교육생과 '이 게으름뱅이들을 어떻게 움직이게 할까?'를 고민하는 조교의 소모전이었다. 교육의 효과를 고민하는 사람은, 미안한 이야기지만 없었다! 그러나 요즘의 예비군 훈련은 모두가 효과적인 훈련을 위해 애를 쓰는 듯 보인다. 비결은 경쟁 시스템 도입이었다. 각 훈련생은 단계별로 경쟁을 하고, 결과는 곧 개인별 점수로 연결된다. 그 점수는 합산돼 개인의 성적에 반영되고, 좋은 성적을 얻은 훈련생은 '조기 귀가'라는, 모든 예비군 훈련생들의 '로망'인 보상을 받게 된다. 시간 때우기였던 훈련이 성과에 따른 보상이라는 경쟁 체제를 통해 제대로 된 훈련으로 재탄생된 것이다. 게다가 분대별 소그룹 점수 또

한 보상의 한 부분이 되어, 분대 소속 구성원들의 조직력을 높이고 타 분대와의 자연스러운 경쟁을 유도해 긴장감까지도 높였다고 한다. 이는 긍정적 경쟁을 통해 조직 내적으로는 구성원들 간 일체감을 높이고, 조직 외적으로는 경쟁력을 높이기 위해 기업이 상대평가 시스템을 도입하고 사용하는 이유와 비슷하다.

이제 앞서 언급한, '상대평가를 하면 효율성이 떨어지고 갈등만 유발하는 것일까?' 하는 질문에 대해 정리해 보자.

경영에서 말하는 '관리'에 대해 가장 잘 알려진 문장이 있으니, 바로 "측정되지 않은 것은 관리될 수 없다"이다. 이를 어떻게 해석하느냐에 따라 '상대평가 기준의 성과관리'를 보는 관점이 달라질 수 있다. 줄을 세워 누군가는 하위등급, 누군가는 상위등급이라는 '꼬리표'를 붙이기 위한 관리라고 생각하면, 상대평가는 아주 나쁜 제도다. 하지만 이를 '측정할 수 있는 기준'을 만들어 건강한 경쟁과 성장을 도모하는 데 목적을 두고, 더 나아가 개개인에게 평생의 자산을 만들어줄 수 있는 제도로 활용한다면? 상대평가는 조직은 물론 개인의 성장을 이끌기 위해 아주 바람직한 제도가 된다.

"파도를 멈추게 할 수는 없지만 파도를 타는 법은 알려줄 수 있다"라는 말이 있다. 상대평가라는 제도는 회사에서 이미 만들어놓은 것이다. 리더 개인이 바꿀 순 없다. 이때 필요한 것은 이 제도가 갖고 있는 긍정적 의미를 충분히 살리는 것이다. 건전한 상대평가를 통해 구성원들의 경쟁력을 높이고, 조직 내에서 더 큰 성과를 내도록 이끄는 것. 이것이 리더와 조직원들이 상대평가 제도를 바라보는 관점이어야 하지 않을까?

Q&A

평가면담,
이것이 궁금하다

Q ———————————————

성과평가 결과에 대해 팀장과 팀원의 판단이 다른 이유?

참 이상하다는 생각이 들 때가… 구성원이 한 일은 같은데, 제가 평가하는 그 실적의 가치와 구성원 본인이 생각하는 실적의 가치가 달라요. 매번 평가를 할 때마다 이런 일이 생기는데, 뭐가 문제인지 모르겠습니다. 리더는 내가 한 일이 아니니까 냉정하게 보고, 구성원들은 자신이 한 일이니까 후하게 생각하는 건가요? 대체 왜 이런 문제가 생기는 겁니까?

A ———————————————

관점이 다르면 판단이 다르다

산을 오르다보면 나의 위치에 따라 주변 풍경이 다르게 보이고 다르게 느껴진다. 똑같은 나무, 똑같은 언덕이라도 달라 보이는 것이다. 더욱 신기하게도, 산을 올라가면서 본 풍경과 내려가면서 보는 풍경은 똑같은 것임에도 전혀 다르게 느껴지기도 한다. 왜 이런 일이 생기는 걸까? 사람은 자신이 '어떤 상황'에 처해 있는가에 따라 전혀 다른 걸 보게 되기 때문이다.

이는 조직에서도 마찬가지다. 한 명의 구성원으로 있을 때와 리더의 자리에 앉아 있을 때는 보는 관점, 생각 자체가 완전히 달라진다. 하나의 구성원일 때는 많은 것이 '나' 중심이다. 실적평가를 할 때도 '작년보다 5% 더 했으니까!' 더 좋은 평가를 받으리라 기대하는 게 '당연한' 판단이다. 하지만 리더는 어떤가? 개개인의 집합인 '조직' 관점에서 한 명 한 명을 평가한다. 결국 '팀원들 평균 매출 성장률이 10%인데, 이 직원은 5% 성장밖에 못 했으니 좋은 평가를 줄 순 없겠다'는 결론을 내리게 된다. 결국 '5% 성장'이라는 실적 하나를 놓고도 구성원과 리더가 전혀 다른 기대를 갖게 되는 것이다.

이는 결국 정보의 비대칭에서 오는 갈등이다. 다시 말해 이런 문제를 해결하려면 정보 공유가 답이다. 그래서 필요한 것이 정보의 갭을 줄이기 위한 꾸준한 중간 면담이다. 중간 면담을 통해 구성원의 목표를 꾸준히 상기시키고, 현재 시점에서 어느 수준에 해당하는지를 알려줘야 한다. 영업조직의 평가가 지원조직 평가보다 쉽다고 말하는 이유도 여기에 있다. 매일, 매달 실적이 숫자로 나오고, 이에 따른 순위가 매겨지기에 실적에 대해 잘했다 못했다 하는 정보의 갭이 크지 않은 것이다.

평가에 대한 불만을 없애는 만병통치약, 도깨비 방망이는 없다. 리더가 평소에 얼마나 노력하고 관심을 갖느냐가 핵심이다.

Q ——————————————————————

나아지지 않는 지속적인 저성과자는 어떻게 해야 하나?

아무리 해도 안 되는 일이 있듯이, 어떤 노력을 해도 나아지지 않는 구성원도 있습니다. '정말 최선을 다했나?'에 대해서는 의문의 여지가 있지만, 말은 '그렇다'라고 합니다. 리더는 구성원이 성장하도록 인내를 갖고 기다려줘야 한다고도 하는데, 조직은 그런 논리로만 움직이진 않으니까요. 지속적으로 저성과를 내는 직원은 어떻게 관리하는 게 맞나요?

A ——————————————————————

걸맞은 자리를 찾아주는 것도 리더의 역할이다

성과를 높이기 위해 다양한 방법을 동원할 수 있다. 앞서 언급한 대로 역량(KSA)이 갖춰져 있는지, 일하는 방식의 개선(ERRC)이 필요하지 않은지, 상사와 같은 끝그림을 갖고 있는지를 확인하는 것 등이다.

하지만 정말 아무리 해도 안 되는 경우도 있을 수 있

다. 이는 '무능'해서가 아니다. '적합하지 않기' 때문이다. 그 직원이 하고 있는 일이 본인의 성격에 맞지 않거나, 본인의 강점을 드러낼 수 없는 영역이라는 뜻이다. 자신에게 어울리지 않는 직무를 하며 좋은 성과를 내길 바라는 것은 리더의 욕심 아닐까?

사람은 누구나 다 자신만의 강점과 역량을 갖고 있다. 어울리는 자리를 찾아주는 것 역시 리더의 역할 중 하나다. 그래서 그의 강점을 제대로 발휘할 수 있는 곳으로 보내줄 필요가 있다. 전환배치 등을 통해 맞는 업무를 찾아주라는 것이다. 혹은 조직 내에 마땅한 자리가 없다면 외부에서라도 맞는 역할을 찾도록 함께 고민해줘야 한다. 필요하다면 리더 본인의 상사에게 도움을 요청해야 할 수도 있다.

이런 이야기를 하면 어떤 리더는 이렇게 말한다.

"그 친구를 누가 데려가겠어요, 나 정도나 되니까 참으면서 데리고 있지."

이건 정말 위험한 생각이다. 함부로 폄하받고 동정받아도 되는 사람은 없다. 오히려 '잠재력'을 극대화해주지 못한 리더 스스로 반성하고 책임감을 가져야 한다.

Q

리더들 간에 서로 다른 평가기준 때문에 불이익을 받는 사람이 있다면?

사람에 따라 '잘했다'고 평가하는 기준은 다 다른 것 같습니다. 그래서 어떤 리더는 평균치만 달성해도 '우수하다'고 하는데 또 다른 리더는 평균치에 대해 '보통이다'라고 평가를 하는 경우가 생기죠. 그러다보면 '엄격하게' 평가를 받는 부서의 구성원들에게 불만이 생깁니다. 다른 팀에서 평가를 받았으면 중간 이상의 고과 등급을 받을 수 있었을 텐데, 리더 잘못 만나서 하위 고과를 받았다고 생각하게 되는 거죠. 사람마다 생각이 다른 걸 하나로 맞추기란 불가능할 것 같은데, 이럴 땐 어떻게 해야 하나요?

A

표준점수제를 활용하라

깐깐한 팀장과 관대한 팀장이 있다. 깐깐한 팀장 밑에

서 일하는 직원들은 불만이 가득하다. 다른 팀장 밑에 있었으면 충분히 좋은 평가를 받을 수 있었을 텐데, 어려운 일만 잔뜩 맡고 제대로 점수도 못 받았기에 좋은 고과를 놓쳤다고 투덜거린다.

이런 문제를 해결하기 위한 방법이 바로 '표준점수제'이다. 시험의 예를 생각해보자. 쉬운 과목에서 100점을 받았을 때와 어려운 과목에서 95점을 받았을 때, 누구에게 좀 더 좋은 평가를 내려야 할까? 후자의 경우에 가중치를 두는 게 합당하다(이는 현재 수학능력시험에서 활용되는 방식이기도 하다). 조직의 평가 상황에서도 이를 활용할 수 있다.

예를 들어, 두 개의 팀이 있는데 평가 결과는 다음 도표의 예시와 같다. 만약 절대점수만으로 본부 평가를 내린다면 평가가 관대한 영업1팀 직원들이 대부분 상위 고과를 가져간다. 2팀 직원들의 불만이 생길 수밖에 없는 상황이다.

영업1 · 2팀의 성과평가 결과

〈팀장의 평가〉

영업1팀

부서원	점수
갑	92
을	90
병	88
정	84

영업2팀

부서원	점수
가	87
나	81
다	70
라	63

〈본부 전체 평가〉

부서원	점수	순위
갑	92	1
을	90	2
병	88	3
가	87	4
정	84	5
나	81	6
다	70	7
라	63	8

여기에 표준점수를 도입해서 다시 계산을 해보자. 수식은 다음과 같다.

$$\text{표준점수} = \text{전체 평균} + \frac{(\text{개인 점수} \cdot \text{부서 평균})}{\text{팀 표준편차}} \times \text{본부 표준편차}$$

$$\text{표준점수} = \sqrt{\frac{\Sigma(\text{개인 점수} - \text{평균})^2}{\text{개수}}}$$

그럼 어떤 일이 생기나? 1팀 평균은 88.5에 표준편차는 3.0, 2팀 평균은 75.3에 표준편차는 9다. 즉 1팀 구성원들은 전반적으로 고르게 높은 점수를 받았고, 2팀 구성원들은 평균이 낮은 가운데 두 사람이 두각을 드러냈다. 다음의 그림에서 보이는 것처럼, 순위 역전이 일어난다. 표준편차 개념을 활용해보면 의외로 이 문제는 쉽게 풀릴 수 있다.

팀 리더 간의 엄격함 차이로 문제가 생기고 있는가? 이건 '사람'의 문제가 아니다. '제도'의 영역으로 끌어들여야 한다.

표준편차를 고려해 조정한 영업1·2팀의 성과평가 결과

영업1팀

부서원	점수
갑	92
을	90
병	88
정	84

영업2팀

부서원	점수
가	87
나	81
다	70
라	63

표준점수 = 전체 평균 + $\dfrac{(\text{개인 점수} - \text{부서 평균})}{\text{팀 표준편차}} \times$ 본부 표준편차

1팀 평균	88.5
표준 편차	3.0

표준편차 공식

$$\sqrt{\dfrac{\Sigma(\text{개인 점수} - \text{평균})^2}{\text{개수}}}$$

2팀 평균	75.3
표준 편차	9

전체 평균	81.8
본부 표준 편차	9.5

부서원	점수	순위	표준점수	조정순위
갑	92	1	93	2
을	90	2	87	4
병	88	3	80	5
가	87	4	94	1
정	84	5	67	8
나	81	6	88	3
다	70	7	76	6
라	63	8	69	7

Q

부서 특성상 정성적 지표가 대부분인데, 숫자로 정확히 측정하기 힘든 성과는 어떻게 평가할까?

금액이나 건수 등 숫자로 나타나는 지표는 평가하기가 쉽죠. 하지만 저희 부서같이 대부분의 평가지표가 정성적인 경우엔 너무 힘들어요. "최선을 다해보자"라는 이야기가 현실적으로 전부인 상황인데… 이러다보니 구성원들은 평가 결과에 대해 불만을 가질 수밖에 없는 거 아닌가 싶고. 참 어렵네요.

A

주관적 평가야말로 리더가 해야 하는 평가의 핵심이다

많은 사람들이 목표는 계량화해야 한다고 말한다. 맞는 말이다. 그래서 앞에서 지원부서의 목표 설정을 다룰 때 이를 위한 방법을 제시하기도 했다. 재무 지표 외에 학습성장 목표, 프로세스 개선 목표, 고객만족 목표를 골고루 포함하는 균형성과평가(BSC)를 통한 과정관리에서 목표의 계량화 방법을 제안하기도 했다. 하지만 아쉽게도 '모든' 목표를 수치화한다는 것은 사실상 불가능하다. 그럼 이 문제는 해결할 수 없는 것일까?

좀 다른 이야기를 해보자. 모든 운동경기에는 공통점이 있다. 바로 '순위'가 매겨진다는 것. 육상이나 수영 같은 경기에서는 0.001초 차이로 금메달과 은메달이 결정되기도 하고, 양궁이나 사격 같은 경기에서는 몇 센티미터, 몇 밀리미터 차이로 등수가 달라진다. 이때의 기준은 명확하다.

하지만 성격이 다른 경기도 있다. 김연아 선수 덕분에 국민적 인기종목이 된 피겨스케이팅. 이 종목은 심판진이 매긴 기술점수와 예술점수를 합산해 순위가 결정된다. 기술점수는 경기에서 어떤 난이도의 기술을 얼마나 제대로 수행했는가로 평가된다. 심판 개인의 판단이지만 그래도 어떤 기준은 있다. 반면 예술점수는 어떤가? 이건 지극히 개인적이다. 심판 개개인이 '아름답다'고 느끼는 정도의 차이에 따라 점수 차이가 클 수도 있는 것이다. 하지만 이에 대해 선수들이 매번 항의를 하지는 않는다. 이유는? 심판으로 선정된 사람들의 오랜 경험과 전문성을 믿기 때문이다. 물론 심판들도 주관적 판단을 최대한 배제하기 위해 끊임없이 연구를 한다.

이제 다시 성과평가 이야기로 돌아가보자. 구성원에 대한 리더의 평가에 주관적인 요소가 빠질 수는 없다. 만약 모든 성과지표를 숫자로 나타낼 수 있다면, 성과평가에 리더는 아무런 필요가 없다. 시스템에 입력된 숫자만 가지고 판단을 하면 되니까. 하지만 이건 앞서 설명했다시피 불가능하다. 그래서 리더가 있어야 하는 것이다. 많은 리더들이 정성평가를 어려워하는 데 대해서는 충분히 공감할 수 있다. 하지만 그렇다고 정성평가를 없앨 수도 없다. 스스로의 전문성을 믿자, 그리고 최대한 객관적인 평가를 하기 위해 노력해보자. 구체적인 목표를 세우고, 충분한 관찰과 중간 피드백을 하는 것. 그리고 나온 결과에 대해 선입견을 버린 채 바라보는 것. 이것이 '사람'인 리더가 해야 할 몫이다. 비록 지극히 주관적이더라도 말이다.

아, 한 가지 팁은 기억하자. 심판들의 주관적 평가로

점수가 매겨지는 채점경기 중에서도 심판의 주관이 심하게 많이 개입되었다고 여겨지는 최고점수와 최하점수는 제외하고 평균점수를 계산하는 종목들이 있다. 주관적 평가가 부담스럽다면, 기업에서도 다면평가, 평가 조정회의, 팀 업적 수준에 따른 고과 비율 조정 등의 제도를 통해 평가자의 주관적 오류를 최소화하기 위한 장치를 고민해볼 수도 있을 것이다.

Q ———————————

직원의 자가평가 결과, 리더가 먼저 보고 평가하는 게 나을까?

조직에서는 리더가 구성원을 평가하게 할 뿐 아니라 개인에게도 실적을 스스로 평가하는 기회를 줍니다. 자가평가를 작성하게 하는 거죠. 그래서 평가 시즌이 되면 항상 고민하게 됩니다. 내가 평가를 내리기 전에 먼저 구성원들이 자기를 평가한 걸 참고해야 하나? 사실 내가 못 본 것, 다르게 생각한 성과들이 있을 수도 있으니까요. 그런데 동료들 중에는 '괜히 헷갈린다'며 구성원들의 자가평가를 참고하지 않는다고 하는 사람도 있어요. 뭐가 더 나을까요?

A ———————————

앵커링을 조심하라

우리는 인간의 뇌가 항상 합리적이고 이성적이라 생각한다. 많은 경우 그렇다. 하지만 항상 그런 것은 아니다.

예컨대 더운 여름, 냉면이나 한 그릇 먹으려는 생각

에 고깃집에 들어갔다고 하자. 자리에 앉자 종업원이 다가온다.

"뭐 드시겠어요?"

고민할 필요 없다. "냉면 주세요."

그런데 교육을 아주 잘 받은 직원, 혹은 가게 주인은 이렇게 묻는다.

"뭐 드시겠어요? 오늘 목살 들어와서 아주 좋은데…."

순간 고민이 된다. '안 그래도 요새 기운이 좀 떨어진 것 같은데, 고기나 먹어볼까? 목살도 괜찮다는데….'

물론 모든 사람이 이러한 제안에 흔들리는 건 아니다. 중요한 건 나에게 어떤 정보가 먼저 주어지느냐에 따라 행동의 판단 기준 자체가 달라진다는 것이다.

직원을 평가하는 상황에서도 그와 비슷한 현상이 생길 수 있다. 리더가 A라는 구성원의 실적에 대한 점수를 매기기 전에 구성원의 자가평가 결과를 봤다고 가정해보자. 그는 스스로에 대해 90점의 점수와 함께 다양한 실적 리스트를 쭉 정리해놓았다. 그럼 리더의 머릿속은 어떻게 될까? '이 친구 꽤 열심히 했네? 내가 몰랐던 게 있나?' 이런 고민 끝에 80점과 90점 사이에서 그 직원의 점수가 결정된다. 반대의 경우도 생길 수 있다. 스스로 아주 냉정하게 평가한 구성원이 스스로의 성과에 70점을 줬다면? 그 직원의 점수는 70점에서 80점 사이가 될 확률이 높다.

리더 혼자 주관적 평가로 점수를 정하는 게 아니라 구성원의 평가 결과를 함께 검토하는 셈이니까 좋은 것 아니냐고? 물론 그럴 수 있다. 만약 구성원들이 '모두' 동일한 기준으로 평가를 했다면, 그리고 '모두' 스스로에게 엄정한 잣대로 평가를 했다면 말이다. 하지만 누구는 스스로에게 후하게, 누구는 박하게 점수를 줬다면, 스스로를 냉정하게 평가한 직원만 손해를 보는 결과가 생길 수도 있다.

심리학에서는 이런 현상을 '앵커링 효과anchoring effect' 라고 부른다. 배가 어느 지점에 닻을 내리면 그 이상 움직이지 못하듯이, 자신에게 주어진 첫 정보가 전체 판단의 중요 잣대가 되어버리는 것을 뜻한다. 그래서 성과평가 상황에서 앵커링에 빠지지 않으려면, 리더 본인이 먼저 직원에 대한 구체적인 평가를 해야 한다. 실제

실적 자료, 관찰 내용을 근거로 점수를 적어두고, 그다음에 구성원의 점수를 보는 게 좋다. 이것들 간에 차이가 있다면 사실 확인을 통해 접점을 찾아가려는 자세가 필요하다.

Q

팀과 개인의 성과가 다 좋아 모든 직원에게 상위 고과를 줘야 하는 상황이라면?

이 정도 실적이면 당연히 모두에게 최고등급 S를 줘야 합니다. 하지만 평가를 팀장 마음대로 할 수는 없잖아요? 특히 조직에서 주어진 T/O 때문에 뛰어난 성과를 올린 직원임에도 S등급을 줄 수 없을 때가 있습니다. 이럴 땐 어떻게 평가해야 하나요? 구성원들 사기를 위해서라도 잘 줘야만 하는데….

A

제도적 장치를 고민하고 활용하라

사실 T/O 같은 문제는 팀장의 재량권을 넘어선 부분이다. 그렇다고 포기해야 할까? 아니다. 상대평가의 이런 문제를 해결하기 위해 선진 기업에서 활용하는 제도가 있다. 바로 캘리브레이션 세션calibration session, 일종의 조정회의다.

예를 들면 이렇다. 영업1, 2, 3팀별로 S를 주고 싶은 직원이 3명씩 있다고 하자. 총 9명의 직원에게 S를 주고 싶은 상황. 하지만 영업본부에 할당된 S등급 T/O는 안타깝게도 7명뿐이다. 2명은 S를 받을 수 없다. 이때 최종 평가권자인 영업본부장과 각 영업팀장들, 인사팀 같은 타 부서 리더가 참석해 회의를 연다. 그리고 S를 주고 싶은 직원들의 실적을 한꺼번에 펼쳐놓고 비교를 한다. 한창 유행했던 이상형 월드컵처럼 토너먼트로 일대일 쌍대 비교 방식으로 S등급을 선정한다. 핵심은 관련된 참석자들이 함께 모여 협의 과정을 통해 결정한다는 데 있다.

이 과정의 효과는 크게 두 가지다. 하나는 팀장 스스로 결과를 납득할 수 있다는 것. 이런 제도 없이 상위 리더가 일방적으로 통보를 한다면, 팀장들의 머릿속에는 잡념이 생길 수밖에 없다. '윗사람한테 잘 보여서 다음엔 우리 팀에 T/O를 더 받아내야겠다' 같은 생각. 하지만 캘리브레이션을 하게 되면 '왜' 다른 팀의 직원이 더 좋은 평가를 받을 수밖에 없는지 납득할 수 있다. 뿐만 아니라 이 과정을 통해 안타깝게 상위 고과를 받을 기회를 놓친 구성원에게 설명할 수 있는 근거도 찾을 수 있다. 기억하자, "난 S등급을 주고 싶은데 위에서 잘랐어" 같은 피드백은 리더가 평가면담 시 절대 해서는 안 되는 말이라는 것을.

다른 하나는 객관적 비교 및 평가가 가능하다는 점이다. 캘리브레이션에서 내가 원하는 걸 얻어내기 위해서는 충분한 준비가 필수적이다. "아시잖아요, 일 잘 하는 거…" 하는 주관적인 읍소가 통하지 않는다. 구체적 실적, 이로 인해 회사에 기여한 성과 등 최대한 자세한 업적 결과를 제시해야 한다. 즉 상세한 데이터를 가지고 판단하게 되므로 보다 공정한 평가를 기대할 수 있다.

잘 해주는 리더 vs. 잘 되게 해주는 리더

여기 한 명의 리더가 있다. 그는 '좋은 리더'가 되겠다는 목표를 가졌다. 연초, 팀 목표를 세우기 위해 구성원들과 면담을 했다. 모두들 비슷한 말을 한다.

"요즘 경기가 너무 어려워서, 작년만큼 하는 것도 쉽지 않을 것 같습니다."

"작년에 시작했던 업무를 발전시켜야 해서, 올해 새로운 과제를 맡긴 어려울 것 같습니다.'

들어보면 다 맞는 말 같다. 어려운 상황에서 '쥐어짠다'고 더 나올 것 같지도 않다. 그래서 구성원들의 요청사항을 대부분 수용해준다. 그리고 한 마디 덧붙인다.

"그래, 쉽지 않겠지. 하지만 최선을 다해보는 거야? 알 겠지? 믿어!"

리더의 말에 구성원들은 웃으며 면담을 마무리한다.

일을 하다 보면 갈등은 생길 수밖에 없다. 누가 누구 를 잘 도와주지 않는다느니, 일이 잘 되지 않을 때 남 탓 을 하는 직원이 있다느니, 뒤숭숭한 소문이 들린다. 회 의 때, 자꾸 딴지를 거는 직원의 모습도 종종 보인다. 리 더는 고민하기 시작한다. 얘기를 해야 하나 말아야 하 나…. 그때 머릿속에 '좋은 리더'라는 자신의 목표가 떠 오른다. 괜히 구성원들에게 '껄끄러운 이야기'를 꺼냈다 가 관계가 멀어지진 않을까 걱정이 된다. 그러다보니 다 른 방향으로 생각하기 시작한다. '나쁜 마음으로 그랬던 게 아닐 거야, 내가 모르는 속사정이 있었겠지….' 그렇 게 시간이 흐른다.

성과평가의 시기다. 안타깝게도 본부에서 매긴 이 팀 의 실적은 하위권이다. 결국 누군가에겐 하위 고과를 줄 수밖에 없는 상황이 됐다. 리더는 고민에 고민을 하다 하위 고과자 한 명을 골랐고, 면담을 했다. 그의 첫 마디에 리더는 할 말을 잃었다.

"저한테 매번 잘하고 있다고 하셨잖아요. 그런데 하위 고과라뇨? 전 이번 고과 받아들일 수 없습니다!"

구성원 중 리더인 자신의 마음을 제일 잘 이해해 주고 믿을 수 있는 직원이라고 생각하고 있었다. 그래서 어렵지만 하위 고과를 주겠다는 결정을 내렸다. 하지만 그는 리더와 전혀 다른 생각을 하고 있었다. 결국 이 리더는 '좋은 리더'가 되지 못했다. 그가 생각한 좋은 리더의 모습은 '잘 대해주는 사람'이었다.

여기 또 한 명의 리더가 있다. 그도 '좋은 리더'가 되겠다는 목표를 세웠다. 연초, 목표 설정 시간. 구성원들은 '시장이 어렵다', '지금 하고 있는 일이 너무 많다'며 보수적인 목표를 제출했다. 하지만 리더의 생각은 달랐다. 면담 시간, 리더가 말한다.

"환경이 어렵다는 것은 인정한다. 그렇기에 이를 극복하기 위해 새로운 방법들을 찾아봐야 한다고 생각한다. 그게 우리 회사가, 그리고 우리 팀이, 결국은 개인이 더 나은 성과를 내기 위한 시작이라고 본다."

구성원들은 '힘들지만' 조금은 도전적이 된 목표를 가지고 온다. 물론 약간의 투덜거림과 함께. 그렇게 일이 시작됐다.

팀에서 많은 일이 벌어진다. 크고 작은 갈등에, 구성원 간에 다툼도 생긴다. 그러면 리더는 바빠진다. 다툼이 생긴 둘을 불러 면담도 하고, 어떻게 일을 하는지 관찰도 한다. 그러다 보면 잘잘못이 보이기도 하고, 몰랐던 속사정도 알게 된다. 그럼 리더는 '불편한' 자리를 만든다. 구성원의 행동 중 무엇이 잘못됐는지, 더 나은 조직을 만들기 위해 어떤 부분이 바뀌어야 하는지 등에 대해 '껄끄럽지만' 솔직하게 말한다. 구성원들은 리더의 피드백을 수용하기도 하지만, 반발하기도 한다. 이런 과정을 통해 리더는 구성원의 생각을 알아간다.

연말, 평가 시즌이다. 모두 열심히 노력한 덕분에 팀 성과가 나쁘지 않았다. 하지만 그래도 성과에 따른 순위는 매겨야 한다. 그리고 팀에서 가장 낮은 점수를 받게 된 구성원과 만날 시간. 면담을 앞두고 연초 그가 세운 목표, 중간 피드백 내용, 리더가 지원해 준 사항, 그리고 최종 결과물을 준비한다. 그렇게 시작된 면담. 리더의 피드백을 들으며 처음엔 반발심을 갖고 있던 구성원이 '아쉽지만' 리더의 말에 귀를 기울이게 된다. 결국 리더가 '다음번 실적을 높이기 위해 해야 할 과제'를 설명하는 부분에서 그는 "알겠습니다, 다음엔 더 잘 해보겠습니다"라는 말을 할 수밖에 없었다. 자신이 현재 업무에서 놓치고 있었던 것, 앞으로 필요한 것이 무엇인지 들을 수 있었기 때문에.

이 리더는 '좋은 리더'가 됐다고 말할 수 있을까? 사람에 따라 판단 기준은 다르겠지만 그가 세운 좋은 리더의 모습이 '구성원이 잘 되게 해주는 사람'이었다면, 그는 좋은 리더가 됐다.

이 책의 마지막을 읽고 있는 지금, 나는 어떤 모습일까 생각해 보았으면 한다. 잘 해주는 것과 잘 되게 해주는 것, 비슷해 보이지만 전혀 다른 말이다. 어찌 생각하면 잘 되게 하려면 잘 해주지 말아야 하는지도 모르겠다. 하지만 최소한 비즈니스 현장에서 우리는 '성과'를 위해 달려야 한다. 친목 도모의 모임이 아니라는 말이다. 여기서 리더의 역할은 결국 잘 되게 해주는 것, 다시 말해 구성원 개개인의 경쟁력을 극대화해주는 사람이어야 한다.

성과관리의 과정은 힘들다. 제대로 된 성과관리를 하려면, 리더는 많이 관찰해야 하고, 더 많이 만나야 하며, 훨씬 더 많이 들어야 한다. 이를 통해 구성원 개개인을 파악하고 더 나은 성과를 낼 수 있게 만들어내야 한다. 당장의 불편하고 힘들다고 피할 수 있는 게 아니다. 그러면 그는 '선배'는 될지언정 리더가 될 순 없다. 내가 잘해서 성과를 내는 게 아니라, 남을 통해 성과를 내게 하는 것, 바로 그게 리더이기 때문이다.

저자 **한철환**

HSG휴먼솔루션그룹 성과관리연구소 소장. 인사조직과 경영심리학을 기반으로
삼성, SK, LG그룹 등 많은 기업의 조직문화 구축 및 역량중심의 인사제도 컨설
팅 그리고 HR 및 리더십 분야의 강의를 수행하고 있는 성과관리 전문가다. 하이
닉스 인재개발원 수석 컨설턴트, 세계경영연구원 기업가치혁신 부문장 및 가치
관경영 연구소장을 역임했다. 《한국경제신문사》최우수 경영 콘텐츠상을 수상했
고, 같은 신문의 '경영 콘텐츠 마스터'로 선정되기도 했다. 저서로 《가치관 경영》
(공저) 《세상 모든 CEO가 묻고 싶은 질문들》(공저)이 있으며, 역서로 《사무혁신
오피스 카이젠》 등이 있다. 연세대학교 경영학 석사과정을 마치고 성균관대 경
영대학교 MCC, 국제공인 신경언어프로그래밍 트레이너 과정을 수료했다.

저자 **김한솔**

HSG휴먼솔루션그룹 수석연구원. 사람과 사람 사이의 문제에 '언어'가 미치는
영향을 연구하고, 소통을 통해 조직 내 효과적인 문제 해결 방법을 찾는 커뮤니
케이터다. 세계경영연구원 협상 R&D 팀장을 지냈고, 현재는 HSG휴먼솔루션그
룹 창립멤버이자 R&D실 책임자로서 강의와 컨설팅 등을 통해 조직의 성과 향
상을 돕고 있다. 저서로 《협상은 감정이다》(공저) 《1% 디테일》 등이 있다. 서강
대학교 신문방송학과를 졸업하고, 같은 대학 커뮤니케이션 석사를 마쳤다. 켈로
그 경영대학원에서 협상과정을 수료했다.

설득하지 말고
납득하게 하라

초판 1쇄 발행 2016년 11월 25일
초판 9쇄 발행 2022년 12월 27일

지은이 한철환·김한솔

펴낸이 김현태
펴낸곳 해의시간
등 록 2018년 10월 12일 제2018-000282호
주 소 서울시 마포구 잔다리로 62-1, 3층(04031)
전 화 02-704-1251
팩 스 02-719-1258
이메일 editor@chaeksesang.com
광고·제휴 문의 creator@chaeksesang.com
홈페이지 chaeksesang.com
페이스북 /chaeksesang   트위터 @chaeksesang
인스타그램 @chaeksesang   네이버포스트 bkworldpub

ISBN 979-11-5931-090-4 03320